シリウス・プレアデス直系

メシアメジャー

メッセージ全集 15

村中 愛

時の終わりと時の始まり

リーブル出版

はじめに

突然、メッセージが心の中に届くようになって33年が経過しました。
いつまでも、自然のままで、
いつまでも、平和な地球のままで、
そんな願いを込めて
これまでに届いたすべてのメッセージを公開することにしました。
興味本位ではなく、
真実と事実を受け止められる方だけお読みください。

２０１７年７月７日
第15巻　２０２３年５月30日

村中　愛

目次

2022

2023

2022.8.8-2023.1.17

The complete works of
Pleiades Messiah major message 15

【2022年8月8日】身体の不調は簡単な体操で治る

身体の不調は憑依が30%、日々の姿勢が40%、運動不足30%です。

憑依の30%は、祓いをして除けます。

姿勢を直すことや簡単な運動で身体は元気になりますので、図を使って説明します。

【2022年8月8日】筋肉をほぐす

筋肉が凝り固まると血液の流れが滞ってしまいます。

血液が滞ってしまうと酸素や栄養が循環しなくなります。酸素や血液が滞ると、そこから痛みを生み出す発痛物質が放出されます。

痛みが生じると、また筋肉が緊張して血行が悪くなり、発痛物質がたくさん出てくるのでさらに痛みが増します。

痛みを伴う状態になる前に血流を促して痛みを断ち切ること。マッサージによって血行を促進し、筋肉の緊張をほぐします。

そして、痛みの原因となる老廃物を排出し、腰回りの痛みの軽減につなげます。

○腹筋力を高める
仰向けに寝て、両膝を立てる。
両手は膝の上に置く。
ゆっくりと上体を起こす。
上体を上げたまま3秒間静止する。
ゆっくりと身体をもとに戻す。
自分のペースで5～8回繰り返す。
＊過去にムチウチや首を痛めた人は首に注意する。
急激に首を傾けない。

○猫背の防止
パソコンや携帯電話を長時間したあと、身体をほぐすにも良い。
1．うつ伏せになり、両ひじを立てる。
2．ゆっくり息を吐きながらひじを伸ばし、上体を起こす。

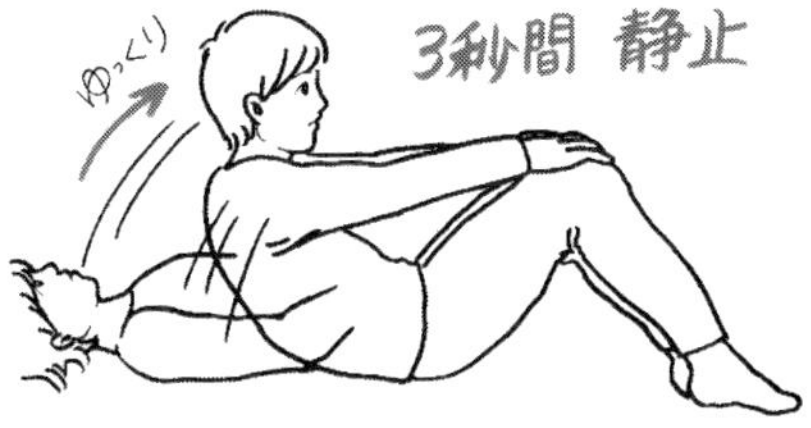

3. 5秒間そのまま静止する。
4. ゆっくり息を吐きながら両ひじをつける。
5回同じ行為を繰り返す。

【2022年8月8日】腰痛を治す

○腰痛の防止

1. 両手、両足をつけ四つん這いの姿勢を取る。
2. 片足を腰の高さまで上げ、足をまっすぐ伸ばす。
3. 5秒ほど、静止する。
4. 片足を終えたら反対側の足も伸ばして静止する。
5. 四つん這いの姿勢に戻る。
6. 3~5回繰り返す。

○腰痛や背中のこりをほぐす
（過去にぎっくり腰をした人の身体をほぐすにも良い）

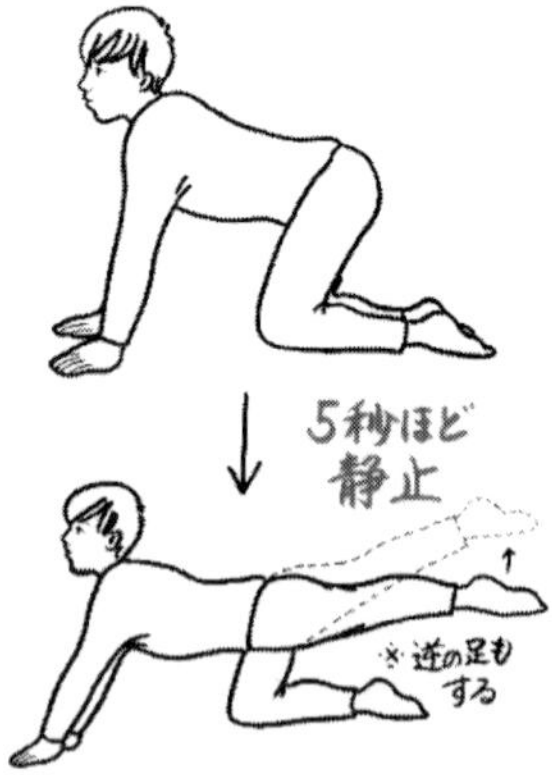

1. 椅子に腰を深くかけ、背筋を伸ばす。
2. 背筋を伸ばした状態で、ゆっくりと腰を後ろにひねり、ねじった反対の手で背もたれを抑える。
3. ゆっくり息を吐きながら5秒間静止する。
4. 深く息を吸って、息を吐きながらゆっくりと戻す。
5. 反対側も同じく5回繰り返す。

【2022年8月8日】肩こり

肩こりの人、原因は姿勢の悪さです。
肩こりの人は生活する姿勢を見直しましょう。

①両手をおろし、手のひらは軽く広げ、息を吸いながら肩を耳に近づけるようにギューーッとすぼめながら上げます。
息を吐き出すと同時に肩の力を抜きストンと下ろします。
この動作を1日朝晩に5回してください。

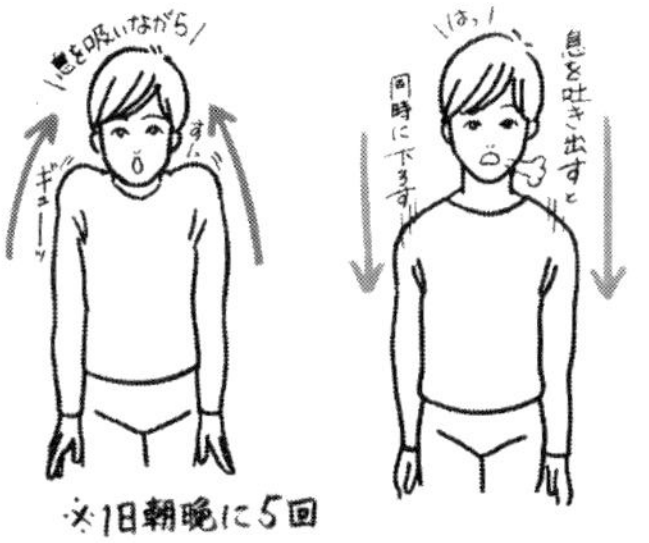

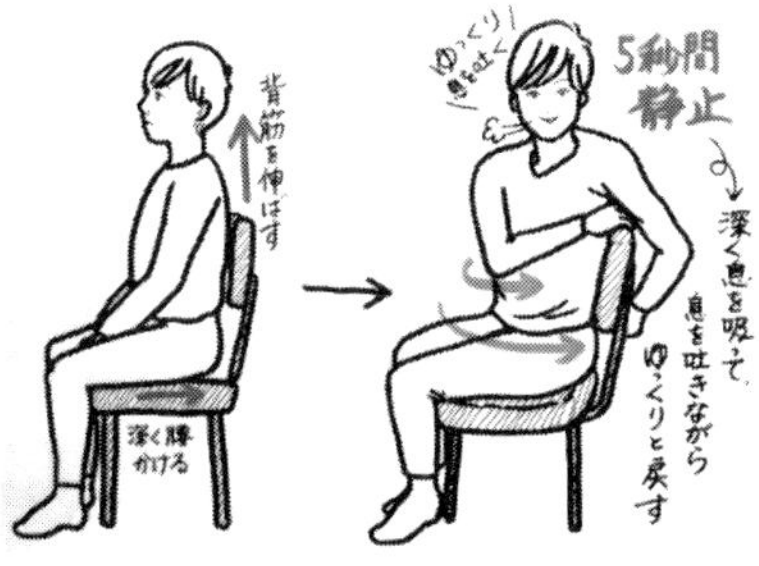

ストレスで無意識に固まった身体をほぐしてくれます。

②両肘をくっつける。
手はグーの形で、位置は口の高さまでもってくる。
次は両肘を真横に広げる。背中の肩甲骨を寄せるようにする。

【2022年8月8日】瑠璃光

瑠璃光とは…すべてのものの可能性を示す美しく神秘的な光、鳥が卵から誕生する時、一瞬だけ出す光をいいます。

薬師如来は瑠璃光を持って万人を照らします。瑠璃光の光は一瞬ですから誰の目にも見えません。

しかし、仏像の背中に光の輪（光背）が見えるように薬師瑠璃光如来は他の観音さまとは違い瑠璃色の光を放っています。

【2022年8月9日】瑠璃光寺
今日の瑠璃光寺には5本のお茶をお供えに持ってお出かけください。

平安初期に読まれた歌
「金、しろかね、るりいろの水、山より流れでたる」とあるように瑠璃は貴重な鉱物です。
瑠璃色は光沢のある鮮やかな濃い青色です。

石で例えるなら『ラピスラズリ』、
青色のガラスなら『江戸切子』が良いでしょう。

金山の瑠璃光寺に江戸切子ガラスのグラスに水を入れて供えてください。
薬師瑠璃光如来が降りてきて水を飲みます。

瑠璃光は病苦を救う光です。
病を救う法薬に瑠璃の光と瑠璃の水は衆生の疾病を治療し1日でも長く寿命を伸ばし、災禍を消し去ります。

不老長寿で『瑠璃光の水』といえます。
金山の瑠璃光寺に、５個のラピスラズリの勾玉を赤の糸で結びます。
赤の糸は21㎝です。
ラピスラズリの勾玉を御堂の後ろに結びつけておきます。
人に見えないように結んでください。

水は加尾の庭の水を持っていき、江戸切子グラスに入れて供えます。

【2022年8月10日】マッサージ　ツボを押す

《腰痛》

＊腰痛の時は赤印の所を指で押す。
　そして指でマッサージする。
＊足の裏（湧泉《ゆうせん》）も10回ほど押す。

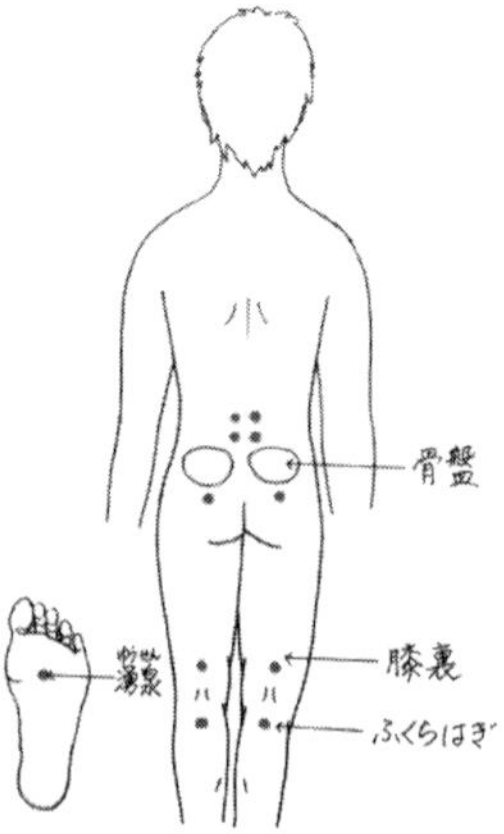

《膝が痛い時》
＊膝を中心に後ろ側の上と下を何回か押す。
膝が悪い人は、膝の後ろの筋肉を軽く揉み柔らかくする。

《リンパ腺が熱をもっている時》
リンパ腺は大事な場所です。
＊風邪・熱中症・炎症で腫れた時は、患部を冷やす。
＊リンパ腺が熱をもっている時は、押す・揉むをしてはいけない。

《頭痛・歯痛・肩こり・首こり》
＊百会を手のひらで押す。
＊百会を中心に指で円を描くように指圧する（3分ほど）。
＊耳の前を親指で押す。人差し指から小指は頭の後ろ側を押す。

《眠れない・眠りが浅い》
＊百会を手のひらで押す。

＊百会を中心に指で円を描くように指圧する（3分ほど）。
＊耳の後を親指で押す。
＊耳をゆっくり上下に引っ張る。
＊耳たぶを穴に向けて押し上げる。
＊耳の後ろ側を前に倒す。

《指が知る心の叫び》
＊親指には心配が溜り
＊人差し指には恐怖が宿り
＊中指には怒りが留まり
＊薬指には悲しみが残り
＊小指は全てを記録して情緒不安定
＊手のひらは辛さ
＊指を反らすと心配～悲しみは消える

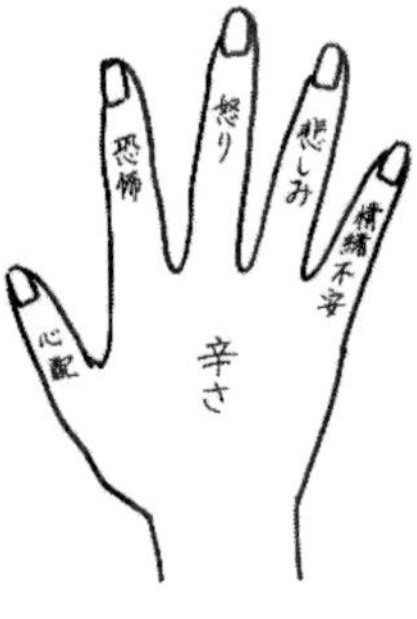

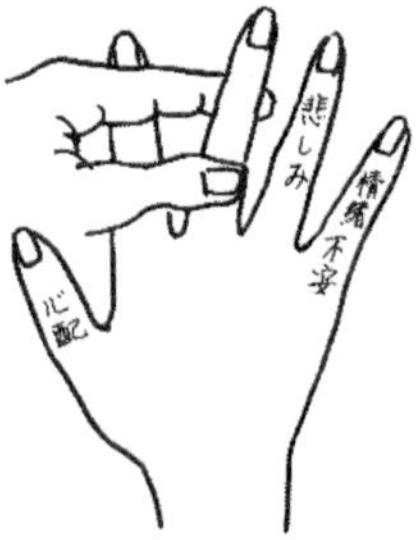

＊5秒反らして、5秒痛いほど指元を押す
＊全ての指を反らし、指元を押すと情緒が安定する
＊血行が良くなり、血圧が安定する
＊心配・恐怖・怒り・悲しみが消える
＊氣の流れを整える

《足の疲れ・むくみをとる》
＊足の親指と人差し指を手で引っ張り、
少し痛いほど離すと血行が良くなる。
親指と人差し指
人差し指と中指
中指と薬指
薬指と小指
両足とも指を外側に引っ張る。

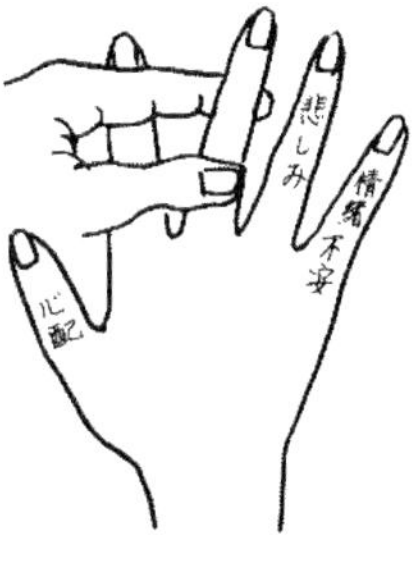

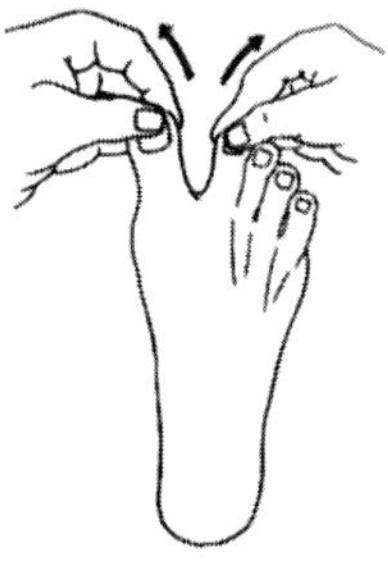

《足のしもやけ・水虫・たむし》

＊〝足の疲れ・むくみをとる〟と同じように、手で足の指を離す。

全ての足の指を離す運動を終えたら、足の指5本でグー・パーを10回以上する。

《頭痛・肩こり・目の疲れ》

＊頭の中心、百会を指で5～6回押す。

＊首の後ろで指を組む、肘を広げる。

＊足の親指の爪を手の指ではさんで5秒強く押す。

＊親指と人差し指の爪を5秒ほど強く押す、人差し指と中指の間を5秒強く押す。

＊人差し指の爪を5秒ほど強く押す、人差し指と中指の間を5秒強く押す。

＊中指の爪を5秒ほど強く押す、中指と薬指の間を5秒ほど強く押す。

＊薬指の爪を5秒ほど強く押す、薬指と小指の間を5秒ほど強く押す。

＊小指の爪を指で5秒ほど強く押す。

＊最後に湧泉を5回ほど押す。

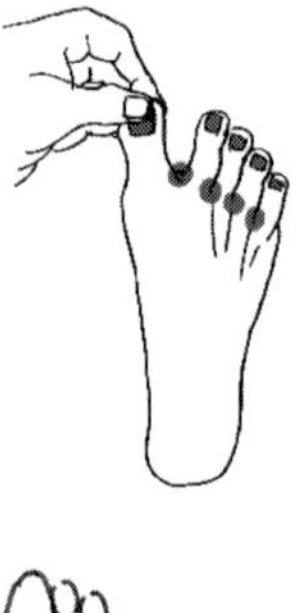

《二の腕を細くして肩こりを軽減》

①親指を曲げた手を、胸の前に持っていき、勢いよく手を前に出す。
手を胸の前にもどし、5回繰り返す。反対の手も同じように5回繰り返す。

②親指と人差し指を最大に広げ、胸の前に持っていき、勢いよく手を前に出す。
手を胸の前にもどし、5回繰り返す。反対の手も同じように5回繰り返す。

③手を握って握りこぶしの形をつくり、胸の前に持っていき、勢いよく手を前に出す。
手を胸の前にもどし、5回繰り返す。反対の手も同じように5回繰り返す。

④指でキツネの形（中指と薬指と親指をくっつける）をつくり、胸の前に持っていき、勢いよく手を前に

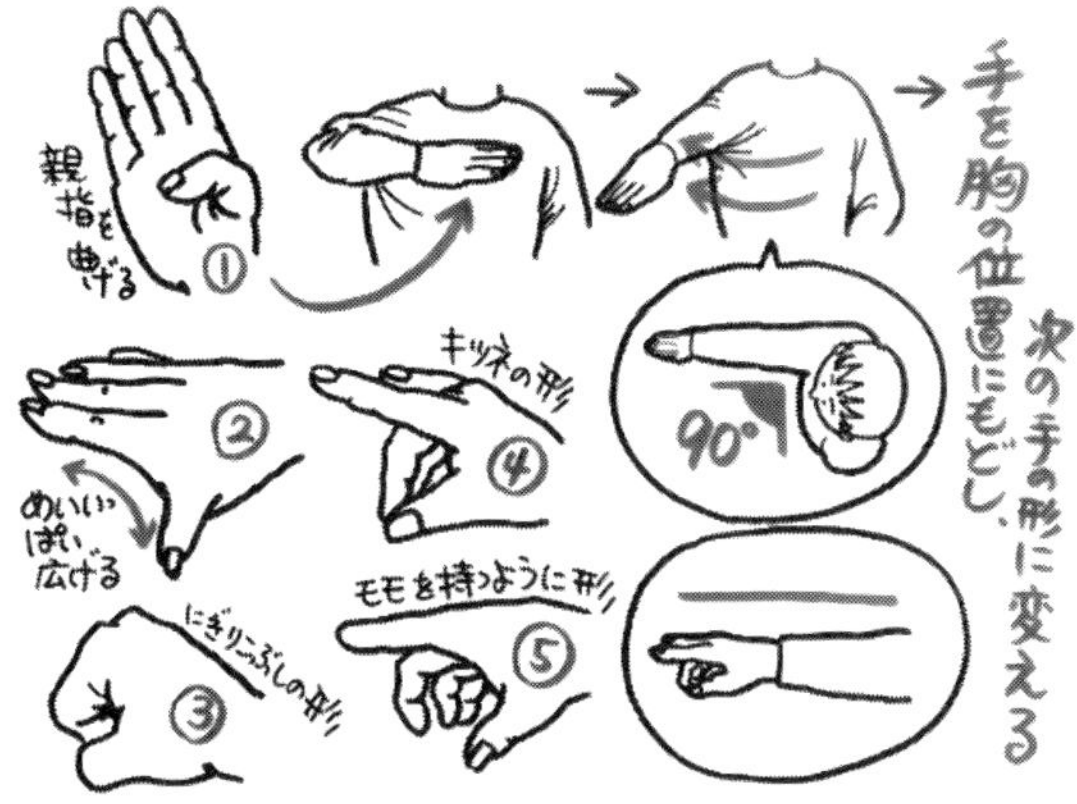

出す。

手を胸の前にもどし、5回繰り返す。反対の手も同じように5回繰り返す。
⑤手で桃を軽く持っているような形をつくり、胸の前に持っていき、勢いよく手を前に出す。
手を胸の前にもどし、5回繰り返す。反対の手も同じように5回繰り返す。

【2022年8月13日】江戸切子と勾玉

今から188年前、江戸で生まれた『江戸切子』は、金剛砂を用いてガラスの表面に彫刻をしたことから始まり、今も脈々と技法が受け継がれています。

江戸切子とは何かと聞かれたら、一言で言いますと『カットガラス』のことです。

江戸切子にはたくさんの文様があります。六角籠目文、八角籠目文、麻の葉文など代表的なものがあります。

切子は魔除けのコップということを知っている人は少なく、模様の美しさに感動して手に取る人も多いでしょう!!

魔や病を切りたいなら、笹の葉文や菊花文、芯無し蜘蛛巣文など、先が鋭い文様が適しています。

美しさと合わせて、今からは急激に変わる日々の変動に対応していくためにもぜひ江戸切子のコップで水をお飲みください。

江戸切子のコップには〝魔〟を切る力があります。

江戸切子のコップには〝病〟を切る力があります。

そして、魔や病を切りたい人は薬師瑠璃光如来を呼びなさい。長さ21㎝の赤い紐に5個の勾玉を通して、身体の近くに持つと薬師瑠璃光如来が降りてきて悩みを解決してくれます。

愛さん、手配をしてあげてください。

薬師如来の正式名は、
薬師瑠璃光如来《やくしるりこうにょらい》です。略式で呼ばず正式名でお呼びください。

愛さん、15柱の神さまに教えていただいた病を止める、病を祓う『病祓い符』も合わせ作ってください。

愛さん、15柱の神さまに教えていただいた災いを止める、災いを祓う『災い祓い符』も合わせ作ってください。

緊急に作って販売してください。

【2022年8月14日】コロナ死者

感染ウイルスが減少しない日本。

8月に入りコロナ感染者は増え続け、ついにあなた達の身近にもコロナ感染者が増えてきました。

4月にお伝えしたように、日本のコロナ第7波、死者数が急激に増えてきています。

今、1日あたりの死者数は春から比べて7倍に伸びています。地域の病院、病床も逼迫《ひっぱく》していて部屋の確保ができていません。

4月には、死者数が10人未満だったオミクロンBA-5は、軽症者が多いのにも関わらず、死者数も多いというトンチンカンなデータに政府も頭を悩ませています。

お盆の期間は人の移動も多く接触者も増え続けています。

PCR検査や抗原検査を受けて動いているから大丈夫と思わないでください。PCR検査や抗原検査にもかからない隠れ陽性患者がたくさんいます。

オミクロンBA-5は重症化リスクが低く、季節性のインフルエンザよりも軽症と感じている人も多いようですが、決して軽症だからといって油断をしてはいけません。ワクチンを受けた人々の中にも今までにない数で跳ね上がってきます。

コロナは『生きた殺人菌』なのですから、かからないように注意してください。感染したら身体を休めてしっかり養生をしましょう！

1日400人から500人の死者数が出ないようにしましょう。

単なる風邪症状か?!と思っても普段の4倍の水分を飲んでください。OS－1、シリカ、炭酸水素イオン水など、身体に無理なく入って潤うものを飲んでください。早めに布団に入って長時間身体を休めましょう。

【2022年8月16日】感染が長引く

新型のコロナウイルスが体内に残り、なかなか完治しない人がいます。体内に入ったウイルスが長期的に体内で残ると、ある日突然自分の病気に悪さをすることがあります。これを『持続感染症』と言います。

今後、持続感染症の事は問題として取り上げられ多くの大学でも研究の1つとなるでしょう。

体内に入ったコロナウイルスは簡単には排除することができません。

特に肝臓、腎臓、心臓、膵臓などの臓器に入った場合や肺、腸、血管に入ると厄介で細胞で血栓を起こします。

しかし怖がってばかりではいられません。そうです人間には自然治癒力という素晴らしい力が備わっています。今からでも遅くありません。もっと自然治癒力を上げることに力を注いでください。

今と同じ食生活、今と同じ生活リズムでは免疫は上がりません。何度も申し上げているように、今、若者が食べているフード食品では免疫力は上がりません。

日本人は欧米人と違い腸の長さも違います。発酵食品を食べてください。
戦前の食事を思い出して、味噌醤油など大豆からできている発酵食品を多く食べましょう。
日本人は『梅干』を漬け、『らっきょう』を漬け、『味噌』を漬けてきた文化を忘れてはなりません。

発酵食品を食べることを忘れた日本人に今コロナウイルスが襲っているのです。

コロナウイルスの特徴の一つとして、ウイルスが腸や血管内皮の細胞の中で生き続けることが問題で、血管などがもろいと血栓を起こしやすくなり、詰まることで死亡率が上がっています。

【2022年8月18日】当たる確率が高い日

『宝くじ買って、金運上げて！』

『買う日は2022年11月7日と12月3日』

『宝くじが当たる確率が高い日』

【2022年8月19日】しせいが大事

これからは国ではなく、県でなく、これから先は市政体制になっていきます。いろいろなことが身近で見えます。

【2022年8月20日】 噛んで唾液を出す

唾液は口の粘膜の保護作用だけではありません。口の中を洗浄する力があり殺菌作用や排出作用もあります。

唾液は胃や腸に重要な役割を担っています。唾液には酵素成分が入っているので、食べ物を分解する作用もあります。

唾液は食べ物を噛めば噛むほど出てきます。
唾液は胃や腸の中で消化液になりますから唾液が多ければ胃腸の負担が減ります。
唾液には抗菌作用を持つ成分が含まれていますから、口から入る細菌を体内に入れることを防ぎます。

コロナが心配で不安になる方へ
コロナは喉の弱い人、鼻に炎症を起こしやすい人、腸が弱い人がコロナに感染しやすいため、予防の為に手洗いやウガイは大事です。しかし簡単なのは食べ物をよく噛むことです。
両側の歯でしっかり噛んで唾液で包み、柔らかく液状になるまで噛んでください。

唾液が出ていれば大丈夫です。

コロナに感染して療養している方へ
水やお湯、汁物で食べ物をお腹に流し込むことはやめてください。
食べ物を何度も何度もゆっくり噛んでからお腹に落とせば唾液で喉の炎症は和らぎます。
また弱った胃と腸が元気になります。

【2022年8月21日】亀と龍の1、000年の集い　1
2001年6月4日の朝、リアルな夢を見ました。

「開けてください」

「あけてください」

「………」


「私を助けてください」

「どなたか、ここをあけてください」

小さな声で、小亀が呼んでいます。

小亀は20㎝ほどの小さな床下換気口からこちらを見ながら話しかけてきたのです。

私はしゃがんで亀の話に耳を傾けました。


「私は地上に降ろされて、まもなく1,000年になります。

亀として1,000年の月日を修行してまいりました。

私が地上に降ろされた時のこの場所は川と陸の真ん中だったので私は自由に川に入って泳いだり、陸に上がっては土の上を歩きました。

何もないけれど自然に溢れ、伸び伸びとしたよい場所でした。

ある日、太陽の暖かさがあまりにも気持ちよくていつの間にか眠ってしまいました。

何年寝たのか分かりませんが、目が覚めたらあなたの家の下にいることがわかりました。

2~3年の間、床下で過ごし出られるのを待っていました。

毎年、蛇の〝竜巳《りゅうみ》くん〟が会いに来てくれました。

一緒に地上に降ろされた竜巳くんが、

『今年の8月は神さまとお約束した1、000年の集いの年です。一緒に神さまのところにいこう』と何度も誘ってくれます。

私は何としても、その1、000年の龍の集いに行かなくてはなりません。

今年2001年8月8日～18日の間に龍宮神社（別名龍王神社）に行かなくては、私は龍になれません。

今まで亀として地上で修行をして参りましたが、これからは龍として天に昇り、自然界を守ります。どうかここを開けて私を出してください。私を助けてください。

昨日、蛇の竜巳くんが『今夜三所神社の裏手で休み、明日から1カ月かけてウスバエに向かう』と言うのです。

どうぞ、ここをあけて私を1、000年の集いに行かせてください」と話すのでした。

私は、鉄のペンチで床下換気口の金具を切り、小亀を出してあげました。

すると、小亀は何度も何度も振り向いては頭を下げ、蛇の待っている三所神社に向かいました。

次の朝、蛇と小亀は小さな風呂敷を首に巻いた姿で我が家まで挨拶にきてくれました。

その後、2匹は西に向かって歩き始め、何度も何度も私の方を振り向きながら歩き、三所神社の裏手から神田川に入り、西に向けて泳ぎはじめました。

我が家に手のりインコが飛んできた話

ひと月ほど経ったある日、青い鳥が家に入って来て、口にくわえた小さな物をテーブルの上に置きました。
霊力で見てみると小さな青い封筒でした。
封筒には、
日時　2001年8月8日～18日『亀と龍の1、000年の集い』
と、書かれています。

青い鳥は誰かに飼われていたのでしょう。逃げることもなく私のそばまで近寄ってきました。

青い鳥に「参加人数は何人まで大丈夫ですか？　お供え物を持って行っても良いのですか?!」と聞くと、

突然窓から飛び立ち、三所神社までゆっくり飛んで行くと屋根の上に止まって私がいくのを待っています。

私は青い鳥に近づき、三所神社の前で答えを聞きました。

青い鳥は、誰かに聞いているのか、ゆっくりと頭を動かしながら1つ1つ確認を取っているかのように答えてくれました。

『参加人数は33名まで、
お供え物は、
○竹筒に入れた御神酒
○竹筒に入れた塩
○竹ザルに入れた巻き寿司

◯竹ザルに入れた大豆
◯御幣（紙垂）の付いた榊

これらを海に流すのでプラスチックやビニール袋には入れず竹の容器以外は使わないようにしてください』

と言われました。

そう答えた直後に、近所の人が網を持って捕まえようとしたので、青い鳥は西に向いて飛んで行きました。

しばらくして、これは『亀と龍の1、000年の集い』に招待されたのだと確信し、この不思議な体験に驚きを覚えました。

その日から材料となる竹を切ってきて容器を作りました。

有志何人かと話し合い、私たちはウスバエに向かう日を8月13日に決めました。

その日は、天赦日（てんしゃび）、たつ、畢（ひつ）、よろずよし、この5つが揃う日で、年に1、2度しかない吉祥の日を選びました。

しかし当日は、台風10号の影響で大雨でした。

朝早くから巻き寿司を作り、準備を整えたのですが、激しい雨にワイパーを最強にしても前が見えず、ライトを点けてノロノロ運転をする始末。

果たしてどうなるのか……と思うほど厳しい状況でした。

埼玉から来た義兄が「お前が言う、メシアという神さまがいて、今回本当に1、000年の集いに呼ばれているのなら、この雨を止めてみろ。こんなにたくさんの人を誘って3時間以上車で走って雨で中止になったなんて言うなよ」と言いだす始末です。

途中車を止めて、トイレ休憩をしながらみんなで話し合いをしました。

目的や意味も分からず誘われてきている人もいて、大人から子どもまで総勢28人もいますから大変です。

話し合った結果……

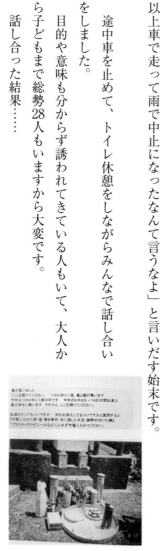

○どんなに雨が降っても、ウスバエまでは行こう。
○龍神と雷神が来て、雨を降らしているはずだから、〝みんなで真剣に祈ろう〟と、一致団結して心を1つにしました。

皆の願いが通じたのか、ウスバエまで行くと空は一変して青空になりました。

龍宮神社ではみんなで龍神祝詞をあげたのち、海にお供え物を投げました。


すると、金色の熱帯魚や緑と青の熱帯魚が大豆や巻き寿司を食べにやってきました。

魚が集まってくると大豆が金色の光を放ち、大豆の粒が誰の目にも小判のように見えました。

大きなヒラメや海亀までもが大豆を食べにやってきました。

数分後、海底に何か大きな光る物があり、「上がれ、上がれ」と手を叩きながら呼ぶと、金色に光っていた物体は海に投げいれた榊

でした。

その後、ウスバエから場所を変えて知り合いの北代さんの庭に移動し、各々が静かに巨石の前に座りました。

参加者の1人が琵琶の演奏をしていると瞬く間に空の色が変わり、今にも龍神が降りて来そうな雲域になったのです。

◎その夜、子亀とメシアメジャーからメッセージ

「明日帰るまでの間虹を見ることができたら今日の『亀と龍の1、000年の集い』は成功に終わる」とメシアメジャーから言われ、

小亀からは「今夜、北代さんの風呂場の南天の木に雷が落ちます。

神さまが、私たち1、000体の亀や蛇やかんたろうなど、自然界の生き物に姿を変えて生きてきた小動物を一斉に引き上げてくれます。

そして新たな小動物は、雷の光の中より地上に降ろされ1、000年の時を修行します。

ありがとうございます。

私も蛇の竜巳くんもこれから1、000年間自然界や人間界をお守りする役目をもらえます。

明日、雷が落ちたあとに写真を撮ってください。

私たちが通った龍脈の道がまだ見えるはずです。1日で見えなくなりますから早めに撮ってくださいね」と言って消えていきました。

２００1年8月13日　21時21分　今夜は終了。

『２００1年8月14日』

朝から霧雨の雨が降っていました。

昨夜は夜通し雷が鳴り、北代さんの家のお風呂場に雷が落ちたと言われたので、見てみると南天と地面が少し焼けていました。

数人で焼けた南天を写真に撮りました。私には龍脈が見えましたが他の人には見えません。

小川さんと一緒に龍の解放に湖、池、川、海へ行くミカさんには見えるようで、私と同じ

く虹色の輪が見えると言って写真を撮ってくれました。
そのあとすぐ、ダブルレインボーが出てみんなで成功を喜び合いました。

2001年から長い月日が経過して、
2022年8月12日 満月、私は突然コロナ陽性患者になりました。

何の予兆もなく、身体の変化もなく突然でした。
13日から15日までの3日間は、1日のうち20時間ほど眠り続けました。

熱と咳と下痢はありましたが身体は元気でした。16日からは、溜まりに溜まっているカテゴリーの仕分けとパソコンの打ち込み作業を毎日5時間以上行いました。
熱はありましたが、疲れることもなく平気でした。

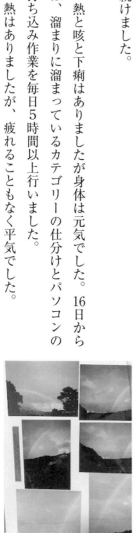

しかしメシアメジャーから何度かコロナ感染に対しての注意がありました。

〇毎日、３００cc以上の白湯、水、ＯＳ－１、シリカ水などを飲むこと。

〇午前と午後、30分は外に出て太陽に当たること。毎日１日２回、太陽にあたりながら軽く体操をする。

腕を前後に振って足踏みだけでもよい。汗が出るまでやめないこと。

〇食事は麺を少なめにして、米を中心に食べること。唾液をたくさん出して、米や野菜や肉が液状になるまで噛んでから飲み込むこと。


注意事項は約30項目あり、ほぼ毎日メッセージとして届きました。

【２０２２年８月20日】ヘビの抜けがら

こんなコロナの注意話をメシアメジャーから毎日聞いていたので、18日からは庭に飲み物を持って行き、20～30分ほど体操をしたあと、庭石の上に座っていました。

ふと、家の床下の換気口に目が止まると……その瞬間、昔小亀に〝開けてください〟と頼まれたことを思い出しました。

あれから何年経ったのか……

そうだ、小亀や蛇はどうなったのだろう……?!。

今年の夏、蛇は通ったのか……

床下換気口を見ながら数分考えていた時、松の木に目がいきました。

2005年に私が病気をしてから枯れ始めた松の木。

庭に3本あった松は大きい順に2本が枯れ、最後の1本は私の身長ほどの松も70%以上が枯れていました。

毎年、庭師から「切りましょうか?」と聞かれたけれど、なぜか今年の半年間で100%復活しています。

松を眺めていて、枝をよく見ると、なんと〝蛇の抜けがら〟がありました。

急いで2階に上がりアルバムを見ました。
確か写真を撮って記録を残したはず……、亀が話したこともお供え物も龍脈も写真に撮ったはず！

ここから、再び
『亀と龍の1、000年の集い』第2幕が始まったのです。

【2022年8月21日】コロナに感染したら
○毎日、300cc以上の白湯、水、OS－1、シリカ水などを飲むこと。冷蔵庫で冷やさず常温で飲むこと。
○午前と午後、合わせて30分は外に出て太陽に当たること。太陽光に当たることで免疫力を上げるビタミンDが増えます。
○毎日1日2回、太陽にあたりながら軽く体操をする。

腕を前後に振って足踏みだけでもよい。汗がにじみ出るまでやめないこと。

○食事は麺類を少なめにして、米を中心に食べること。亜鉛が不足すると症状が長引きます。しっかり噛んでお米を食べてください。

食欲がない時は温かいココアを飲んで亜鉛不足を解消してください。

○唾液をたくさん出して、米や野菜や肉が液状になるまで噛んでから飲み込むこと。唾液が少ないと喉の炎症は治りません。しっかりと両側の歯で噛んでください。

○コロナ患者の88%の人は、鼻や喉が弱く、腸に善玉菌が少ない人です。

反対に唾液が多く、喉が強い人、腸に悪玉菌が少なく善玉菌が多い人は感染しにくい。

○コロナ陽性になって10日が経ち、まだ下痢や微熱があってもコロナ後遺症ではない。まだ完治していないだけで心配はない。急激に治ると思ってはいけない。

重篤の人で発熱、咳、喉の痛み、下痢の症状があった場合は、20~30日間を目処に徐々に良くなってきます。

○コロナは5日過ぎると感染力が弱くなります。
7日経過すると感染はしなくなります。

しかし、咳、下痢、微熱がある時は外出をせず、自己免疫を上げるためにも自宅で過ごしましょう。

○コロナ陽性になったら『コロナを収める数秘』を書いて枕の下に敷き、北枕にして寝ると早く元気になります。
北枕にして、自分の足の長さ（靴のサイズ）だけ西に頭を寄せて寝ます。

○コロナ陽性になったら足を冷やさず、アキレス腱や湧泉を手で押して足の先に流れている血液を温めること。足が温まらない時は足湯して温めても良い。

○足が冷えていても布団の中ではソックスを履かないこと。布団に入ってソックスを履くと足に湿気を持ち、布団から出た時にかえって足が冷えます。

○コロナ陽性になって嘔吐がある時は注意しなさい。

嘔吐がある時は早く病院に行くこと。

○下痢は心配ない。
善玉菌が少なくて悪玉菌が多くなっています。

水分をたくさん摂って下痢でお腹を洗い流しましょう。

○太陽光に当たると体内時計が正常に動くようになります。
体内時計が正常になると睡眠、食欲、体温、血圧が安定します。

太陽光に当たるとマイドクターとマイケミスト（薬剤師）が体内でフルに働いてくれます。

つまり自己免疫力が上がります。

○水分をたくさん摂ることで尿を出しなさい。水分をとっていても尿が出ない、尿の量が少ない時はすぐ病院に行きなさい。

以上のようなことができれば、コロナはそんなに怖い病気ではありません。

しっかり睡眠をとって、しっかり噛んで唾液を出してバランスよく食べる。

1日2回は太陽光に当たって元気な身体を維持しましょう！

【2022年8月21日】朝方と昼寝、同じ夢を2回

朝方と昼寝の時間、2回とも同じ夢を見ました。

小亀が夢の中で話しかけてきます。

「愛さんが私を助けてくれたあの日から、21年が経過しました。私はあの後、天に昇り龍になりました。

愛さんに床下の換気口を開けてもらったおかげです。私は龍になれました。

私を助けてくださり本当にありがとうございます。

愛さん、あのウスバエで神さまが伝えてくれたお供えの意味を覚えていますか?!

5つのお供え物、覚えていますか?!

時は今、来ました。
もう一度、あの時の供え物の話をします。

1つ、竹筒に入れた御神酒（おみき）
おみきは神さまが作るものです。目に見えない力、神の力は神代の時代から脈々と受け継がれ、地上に発酵の存在もわからない時代から既にあり、イザナミとイザナギが米を噛み酒を作りました。
二神が力を合わせて作ったことから、二神の名を一文字ずつ取り、オミキ（御神酒）と名付けました。

2つ、竹筒に入れた塩
地球にある海水が薄くなった時、濃くなった時、海が荒れ狂う時、海水温が異常に高くなった時などは、竹筒に入れた塩を投げてください。水の神や海の神が海水の調整をします。
また海底や海水を使っての仕事をする時も塩を海に投げ感謝を表してください。

3つ、竹ザルに入れた巻き寿司

巻き寿司は地球に住む全てを表しています。五穀豊穣の米、巻き海苔は海産物、人参や椎茸は田畑や山の産物、全てが一つの中でつながり合い、支え合う。

4つ、紙垂（しで）を付けた榊

榊は地上で神が宿る木、土と木と空に昇る氣を表し、海に投げれば黄金の小判に変わる。

5つ、竹ザルに入れた大豆

一昼夜、水に浸けた大豆の種は発芽がよい。

一昼夜、水に浸けた大豆は早く煮え食べやすい。

一昼夜、水に浸けた大豆を海に投げれば黄金の小判に変わる。

竹ザルは、不要なゴミを落とし、必要な小判（お金）をすくいとる。

愛さん、竜巳くんの子孫が今も愛さんの家を守ってくれています。

毎年、龍脈を通って三所神社の裏で冬眠をしています。

昨日、松に付いている蛇のぬけがらを見つけて私たちを思い出してくれました。

私は愛さんに感謝しています。

愛さんが出版する本代は私が出します。


私（子亀）には1、000人の家族がいます。

家族一人ひとりにも1、000人の支援者がいて守ってくれています」
※1、000人とは1、000体の龍を表します。

＊夢はここまで。

12時00分　メシアメジャーが出てきて、

「愛さん、小川さんはメタンハイドレートとマンガンノジュールを掘りたいんだよね。どうして小亀ちゃんの教えてくれた方法でお金を貰わないの?!」と聞かれました。

まず、小川さんは5つのお供え物をすべて揃えて持って行くこと。

特に大事なのは一昼夜水に浸けた大豆。

ウスバエの龍宮神社に持って行き、お供えの御神酒、塩、巻き寿司、大豆、榊を並べます。海の神さまや資源の神さまや八百万の神にメタンハイドレートやマンガンノジュールの大切さを話しましょう。

一心に祈ります。

小川さんは祈願をして「初志貫徹文」を書いて持って行き、祝詞もあげて初志貫徹文も読み上げてから海に投げます。

その後は、一昼夜浸けた大豆を参加したみんなに配って、みんなに海で祈ってもらったあと、大豆を投げてもらえばよい。

中田さんも、野本さんも、村中さんも、竹崎さんも、堀内さんも、友永さんも、岡松さんも、行ける人はみんなに行ってもらい証明役で立ち合ってもらえば、みんなにもお金が入ってくる。

証明役は多いほどいい。特に女性が多い方がいい。

それこそ、一石二鳥だよね。
ウスバエの大きな石にも意志があり、
大きな資源にも次元があり、
神々にも大きな働きがある。

【2022年8月22日】マスクの実験（村中愛の体験）

7月初めの検診で先生に「今まで腸に善玉菌がたくさんいたのに今日の検査では悪玉菌が多い。何か飲むものを変えましたか？」と聞かれました。
別に何も変えていないので……「心当たりがない」と答えました。
（病院から帰ってきて思い出したのは、約1カ月以上前から便秘をするようになり、ウマブドウ茶を飲まなくなっていたこと。何か飲むものを変えたかと言われればウマブドウ茶を飲んでいなかった）

２０２２年８月12日 突然コロナ陽性患者になりました。何の予兆もなく身体の異変もなく突然でした。（症状は39℃の熱と咳）

12日から熱は39℃～38℃、咳は喉が焼けるような痛みと激しい咳、15日夜から下痢が始まりましたが、しんどさは少なく意外と楽でした。１日のうち20時間ほど眠り続けました。

16日からはカテゴリー別の仕分けとパソコンの打ち込みを毎日５時間以上行いました。熱は毎日37・７℃以上ありましたが、疲れることもなく平気でした。

２０１６年～２０１８年まで全国を回って講演会をするために３年連続インフルエンザワクチンを打ちましたが、３年連続インフルエンザに感染しました。

特に２年目のインフルエンザはきつく、熱は40℃あり約１カ月身体がしんどくて常に布団に入って寝たので、今回のコロナは意外と楽でした。また後遺症が残るという報道に少し偽りがあるのではないか、過剰報道ではないかと思うほど症状は楽でした。

12日 病院でＰＣＲ検査。65歳以上は中央保健所が管轄と言われ脈も胸の音も調べないま

ま帰される。（熱最高39・9℃　最低38・8℃）

13日　中央保健所からの連絡はなし。私は毎日10回以上電話したがつながらず。

（熱最高39・1℃　最低38・5℃）

14日　中央保健所からの連絡はなし。私は毎日10回以上電話したがつながらず。

（熱最高39℃　最低38・7℃）

15日　中央保健所から連絡あり、問診あり。しおりと酸素濃度計を送ってくれると言う。

（5日目）（熱最高39℃　最低38・7℃）

18日に届く。（7日目）　高齢者には何もかも遅い。

（熱最高39℃　最低38・7℃）

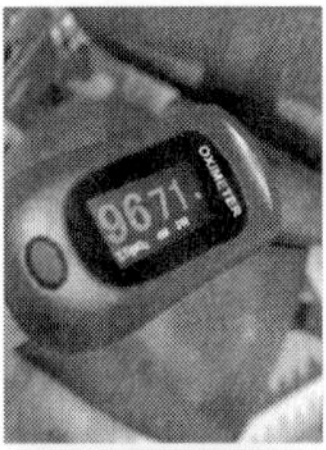

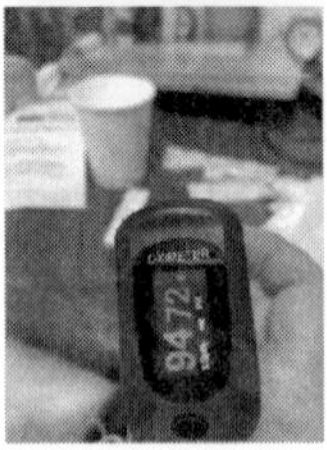

メシアメジャーから、マスクをして部屋に1日中いると酸素が少なくなると言われ、実験をしてほしいと頼まれた。普段は酸素濃度98なのに4時間マスクをして寝ると96になる。

6時間マスクを着けて寝ると酸素は一気に下がり、94まで下がる。

寝ているのにしんどくなる。

【2022年8月26日】亀と龍の1、000年の集い 2

私たち4人は朝6時30分に集合して、唐人駄場に向いました。

今回の唐人駄場行きの約束は7月19日（火）に喫茶『岡田』で決めたことです。

小川さんが元新聞記者の野本さんに『自叙伝』本を書いてほしいと頼んだことで、ゆかりの場所でのインタビューが目的でした。

前回は、喫茶『岡田』を見たいと言い、次は『唐人駄場』を見たいと言ったことから始まりました。

40日ぶりに4人が揃い、初めて唐人駄場に向かっています。

走り出して90分ほど経った8時過ぎ、車に乗っている中田さんと野本さん2人が小川さんに向かって「こっちの道路を行くと20分は早く着くから」と道を教えますが、小川さんは断固として「この道で行く」と言います。

最初に車に乗り込む時も中田さんが小川さんに「僕が運転します」と何度も伝えても「自分で運転するから」と頑なに断りました。

運転と道路は全て小川さんが決めました。

順調に走っているその時、小川さんと私は同時に声が出ました。

「亀が歩いている！」

「亀が歩道をこっちに向かって歩いている！」

目を疑いましたが、確かに歩いています。

それも小亀ではなく20㎝ほどの大きな『アカミミガメ』でした。

亀の姿を見ながら亀と龍の1、000年の集い、パート2が本当に始まったと誰もが思っ

たと思います。

小川さんが車を止めると、『アカミミガメ』が小さな声で言いました。

『私をあなた達の行くところに連れて行ってください。話があります』と、私の耳にハッキリと聞こえたので「亀を捕まえてきて」とお願いしました。


野本さんと中田さんが亀を捕まえてビニール袋に入れ、私の足元に置きました。

9時20分、男性3人が唐人駄場の山に散策で入って行き私は車の中で待機することにした途端、亀が動き出しました。

アカミミガメが「ビニール袋は息ができない、箱に入れてください。私たちはビニール袋が怖い。

恐怖です。　水が飲みたい。　私をあなた達が行こうとする場所まで箱に入れて連れて行ってください」と言うのです。


10分ほどビニール袋の中でゴソゴソしたあと、爪でビニール袋を破き、首を出すと静かになりました。

しかし、ずーっと『キュ、キュー』と泣きつづけ、目頭から涙が出ています。

その声と涙を見ていると怖くなって車から降りたいと思いましたが、外は『アブ』が数匹飛んでいて車から降りることもできませんでした。

しばらくすると3人がもどってきて、次の場所（ウスバエ）に移動しました。

臼碆（ウスバエ）に、証明役の参加者が全員揃い、アカミミガメをダンボール箱に入れる前に、みんなで亀に水を飲ませ、ハムを食べさせ、甲羅に水をかけてあげました。

11時、小川さんが挨拶、説明をしたあと、

小川さんはお供物をリュックに入れて背負い、先頭を歩きました。

亀はダンボール箱に入れて、中田さんが臼碆まで連れていきました。

途中まで階段を降りた時、空中から声が聞こえました。

「愛さんが呼びかけた証明役の人数が少ない。応援者が少ないので人を増やします。一般客ですが参加していただきます」と言われて5分後、子ども3人を含む若い夫婦や年配の人も

交え8人が階段を降りてきました。

最後に降りてきた年配の方が「孫が言うには毎年1センチずつ、ハワイが日本に近づいてきているらしい。

だからハワイを見に行こうと誘われてここに来ました。突然、誘われてきたのですが、きれいで清々しい場所ですね」と私に話しかけてきました。

私たちは15人、一般者8人、総勢23人と亀1頭になりました。

私は龍の通り口まで降りて行き、「1時間だけ龍の出入りを閉めてください」とお願いしました。

そして、龍神や近くにいる神々さまに今日のご神事の主旨をお話しました。

◯メタンハイドレート、マンガンノジュールの採掘を海の神、資源の神、八百万の神にお願いにきたこと。

◯本日をスタートにメタンハイドレート、マンガンノジュールを商業化して日本に住む皆さまのために石油や重油、核などの代わりのエネルギー資源として使わせていただきたいこと。

○神々さまのお心を、真摯に受け止めるので聞かせてほしい。
と、お話をさせていただきました。

すると、龍神は事前に知っていたかのように静かに龍脈を閉めてくれました。

私が臼碆の龍宮神社に最後に着いた時、既にお供えはできていましたが、メシアメジャーから並べ方が違うと言われたので順番を変えて並べました。

左から
①竹筒に入った御神酒
②竹筒に入った塩
③竹ザルに入った巻き寿司

④竹ザルに入った大豆
⑤御幣（紙垂）の付いた榊

本来ならここで鳥が飛んでくるはずなのですが、鳥は飛んで来ませんでした。
龍神が龍脈を閉めたからなのか……

小川さんが龍神祝詞を奏上し、
次に、初志貫徹文を奏上しました。
海への奉納は御神酒、塩、巻き寿司、大豆、榊の順に投げました。

続いて参加者も、各々で祈り、
大豆を小川さんからいただいて、海に大豆を奉納しました。

しかし、10分待っても15分待ってもお魚は少ししか集まりませんでした。

巻き寿司も撒いたのに、数匹の小魚しか集まりませんでした。

これは、メタンハイドレートとマンガンノジュールの採掘が難しいということだと、すぐにわかりました。

私は、ご神事が上手くいかなかった原因を知りたくてメシアメジャーに聞きました。

メシアメジャーは、「アカミミガメの涙を見よ。叫びが聞こえないのか。海に住む全ての生き物の涙と叫びが聞こえなければメタンハイドレートもマンガンノジュールも掘り出せない。地震や海底火山で日本人は8、000人になる」と言われました。

【2022年8月27日】亀と龍の1、000年の集い　アカミミガメの話

私は『アカミミガメ』です。

アメリカから日本に来ました。

ペットの亀として日本に来ましたが、成長が早く大型化して子どもをたくさん産むことか

ら嫌がられ、小さな時は可愛がられましたが、大きくなると捨てられるようになりました。

そうです、私たちはビニール袋（ポリ袋）と同じで最初は大事と思われるのですが……、すぐ飽きて捨てられます。ビニール袋も2、3回は大事に使われるのですが、その後は捨てられます。

今、人間が使って捨てているビニール袋のプラスチックは分解し始めるまでに1、000年の月日がかかります。

人間がプラスチックを発明してたった60年ですが、あなたが死んだ後、孫やひ孫だけでなく1世代を30年と計算すると33世代後の子孫にまで、あなた方の作ったゴミに悩まされます。

毎年850万トンのプラスチックゴミが海に捨てられています。

故意に海に捨てている人もいれば、自然現象で海に流れていることもあります。毎年850万トンから950万トンも海に流れ込み、分解されずにマイクロプラスチックとなります。

海の生き物は12～15万匹、プラスチックが原因で死んでいます。

海で漂うプラスチックに日光が当たり、光分解することでビニール袋は紙吹雪の大きさまで砕かれ海の表面を漂います。

また、米粒くらいに小さくなって海底深く落ちていき、それを海の生き物は小魚や貝やエビだと思って食べてしまいます。

そして、プラスチックを食べた魚やエビや貝を人間が食べてしまい、人間も病名のつかないような病気になり、死んでいくのです。

あなた方が新しい資源としてメタンハイドレートやマンガンノジュールを採掘して使いたいのなら、先ず海を汚したお詫びをしなくてはなりません。

お詫びとともに、海の掃除をしなくてはなりません。

たった60年の月日で、1、000年後の未来を汚してしまいました。

今から30年後の２０５０年まで、今のまま皆さまが海や山や陸をプラスチックで汚したなら、１００年後の地球は存在しません。地球という星は存在しても地球は腐敗して、人も植物も動物も海洋生物も死んでいます。

小川さん、愛さん、この話を聞いてくださる皆さまへ、
私は『アカミミガメ』の代表としてここに来たのではありません。地球上の全ての生き物の代表として、『龍と亀の1、０００年の集い』の後半が始まったと聞き、証明役として亀の姿で出てきました。

２０５０年に人類が人類のまま生存されていますように祈って出て参りました。
祈りはお詫びであり、
祈りはお詫びへの行動であると信じています。

【２０２２年８月27日】金山で薬師瑠璃光如来さま
瑠璃光寺の中に勾玉を吊るし、お約束の江戸切子グラス５個に小川さんが水を入れてお供

えをしてくれました。
小川さんがお参りしていると建物の右手上から薬師瑠璃光如来さまが出ておいでで「今から6カ月間、毎月新月の日に瑠璃光寺までお参りに来てください。新月に予定が立たない場合は数日間のずれを認めます。コロナウイルスも終盤になりました。しかしまだまだ警戒しなくてはなりません、新しいウイルスはコロナとインフルエンザの混合が出ます。しかしマスクは外してもらいたい。

あなたたちと神とが混じり合い、これからの病について語りましょう。たくさんの人がお亡くなりになります。病も増えます。しっかりと話し合いましょう。毎月来てくださいね、お水を持ってきてください。その水を良薬の水に変えて差し上げましょう」と、言われました。

そのあと少し間をおいて、
愛さん赤い糸に勾玉を5個つけて販売してください。
赤い糸に勾玉をつけてくれれば、その糸を目指して私が降りてきます。

5つの切子に
水をそそぐ

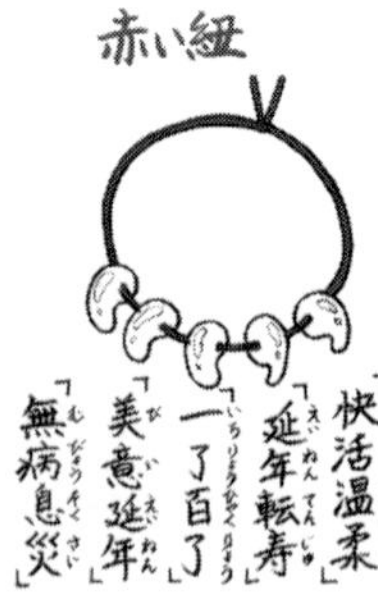
赤い紐
「快《かい》活《かつ》温《おん》柔《じゅう》」
「延《えい》年《ねん》転《てん》寿《じゅ》」
「一了百了《いちりょうひゃくりょう》」
「美《び》意《い》延《えい》年《ねん》」
「無《む》病《びょう》息《そく》災《さい》」

病で苦しんでいる人、病が元で悩んでいる人、諸々の悩みを抱えている人を救済したいと思います。私が下りて行く目印の赤い糸と勾玉を作ってください。

【2022年8月27日】薬師瑠璃光如来のメッセージ
今日から毎月、新月の日に水を持って瑠璃光寺にお参りに来てください。
8月、9月、10月、11月……、
そうですね、来年の1月の新月までお参りに来てください。
半年間ほど、毎月お参りに来てください。
私（薬師瑠璃光如来）も瑠璃色の江戸切子で共に水を飲みましょう！
水をいただきながら人間の話を聞きましょう。
コロナは人工なのでとても複雑です。

地球上にある菌なら全てわかりますが、コロナは複雑に組み合わされた人工ウイルスですから複雑な絡み合いがあります。

ワクチンを打てば打つほど細胞が壊れていきます。

今、コロナでお亡くなりになっている人の10倍以上の人が、実質は他の病名をつけられてお亡くなりになっています。

水や塩（ミネラル）がバランスよく取れていると身体は維持されます。

毎月、新月の日か、または新月から3日ほどの間までに金山の瑠璃光寺においでてください。私も降りて参りましょう！

コロナ回避、ワクチン接種回避を共に考えましょう。

では新月の時に、お話をしましょう。

【2022年8月28日】完璧を求めて
メタンハイドレートやマンガンノジュールを掘ることは簡単です。
未来の資源として大いに使用してください。

しかし、メタンハイドレートやマンガンノジュールにお金を投資する前に、世界のプラスチックゴミ収集に投資をしてください。

右で……、
メタンハイドレートとマンガンノジュールを使って、プラスチックゴミの燃焼処理に全力を注いでください。

左で…、
メタンハイドレートとマンガンノジュールを採掘してください。
同時進行で行ってください。
海底に沈むプラスチックゴミを収集し、資源を発掘することは、車の両輪のようなものです。
両方を同時に行うことで完璧になります。

【2022年8月30日】台風11号
皆さまにお願いがあります。

『台風11号』は人工台風です。

しかし、海水温度が高い影響で、予想以上に大きくなりました。
また、現在フィリピン東にある熱帯低気圧も今後台風になり12号となります。

台風11号は迷走し長い期間影響があります。
九州や沖縄は早めに戸締りをしてください。飛びそうな物は結んでください。
再度、備蓄の準備をしてください。
長期間停電する場合があります。電池やライトの再確認をお願い致します。

台風が起きてから動くのではなく、起きる前に災害の準備をしてください。

今年は五黄土星の年です。

そして8月は五黄土星の月です。

五黄土星の年と月が重なっています。


五黄土星は、『腐らす』『壊す』のエネルギーが動きます。
○8月はコロナ陽性者が爆発的に増える。
○大きな地震が起こる。
○大きな台風も発生する。

だから、皆さまの力を合わせて、鹿の角や炎型水晶を6月に埋設していただきました。

まだまだ、8月の危険性は回避していません。

もし、まだ家に『鹿の角』をお持ちの人がいましたら、たばねて1カ所でよいので今日、明日中に埋設してください。


9月8日までは最善の注意をしてください。

台風11号が九州と台湾、中国の間を抜けていくと大きな被害が日本に出ます。

台風11号は男性性エネルギーを持っています。
まだ生まれていませんが、台風12号は女性性のエネルギーを持っています。

若い男女が後先をかえりみず夜通し遊べる元気があるように、台風11号と台風12号が揃うとお互いがお互いを求め合い、方向先が見えないほど大きな台風に姿を変えていきます。今とても危険な状態になっています。
くれぐれも注意してください。

台風11号と12号から目を離さないでください。
早めの戸締り、早めの備蓄に心がけてください。

台風11号と12号の影響は西日本だけでなく東日本にも影響します。

大事なお米、大事に育てた果物、命の糧の野菜。
人にも野菜や果物にも祈りを捧げてください。

【2022年9月2日】病は水に流す
人は幸せに生きられるように願って生まれてきました。

しかし、時として、自分の想像外や想定外の病やケガも起こります。

悩んでも解決しない時、
先が見えなくて難しい時は、
シンプルに原点に戻ってみましょう。

神さまは、平等に分け隔てなく人を愛してくれています。
神さまが出してくださった手に、自分の手をそっと添えてみませんか?!

①キツネの型紙を用意し、その下に和紙を敷いて、鉛筆でキツネ型の枠を作ります。
②鉛筆で書いた枠に沿って切り取ります。

③キツネ型に切った和紙に、
あ）自分の名前を書きます。
い）自分の病気（ケガ）や病名を書きます。
う）身体の痛みも書きます。
え）不安、辛いこと、悲しいこと、心の叫びも書きます。

④指でキツネ型を作って病気（病原体）に『病気、こん、こん、こん』と言って、〝キツネ型の和紙〟を軽く3回叩きます。

⑤キツネ型に切った和紙で、病気の部分、痛い部分、辛い部分などをさすります。

⑥さすり終えたら、息を3回吹きかけたあと、小さく和紙を折ります。

⑦川に投げ流します。和紙の行方を目で追わない。投げて終わりです。

⑧薬師瑠璃光如来《やくしるりこうにょらい》さまが病気を受け取ってくれます。

＊注意＊
具合が悪くて川に持って行けない場合は、紙コップに水を入れ、書いた和紙を紙コップに入れて、和紙が溶けるまで待ってから、排水口に流します。紙コップはゴミに捨てます。

【2022年9月3日】亀のお詫び文
カラカラ、コロコロ、コトコトと静かに亀のお詫び文が海底で動いています。
2019年1月上旬に原図を書いてもらい、みんなで手押ししたスタンプで作った亀のお詫び文。

お詫び文には、5つのメッセージが書かれていました。
①地震は起こさない。
②原発は稼働しない。
③戦争はしない。
④人と人は戦わない。
⑤核兵器は作らない。

そして、日本の奇特な人に呼びかけると必死に5つのメッセージを書き、亀の甲羅型に折り、個々に祈って仕上げました。

平成30年4月30日、平成最後の日に福島で亀のお詫び文94、126枚は、東日本大地震の祈りを終えたあと海に流されました。

海に流された亀のお詫び文は静かに地底に降りていきました。

もちろん水に溶ける紙で亀のお詫び文はできていますから、3分後にはすべて溶けてしまいます。

しかし亀のお詫び文のエネルギーは、地底深くに流れていき、黒潮の海流にのり、全世界の海岸にまで到達しました。

亀のお詫び文のエネルギーは、風車のように今も静かに回っています。

亀のお詫び文は、1枚の紙から6つの折り目（ポケット）が出来上がります。

そう、まるで水車や風ぐるまのように見え、海の中でくるくると回っています。
亀のお詫び文の小さなポケットは、人間の出したプラスチック（マイクロプラスチック）を集めて回っています。

マイクロプラスチックは海洋生物のみならず人体にも影響してゆくので、早急に流通経路、到達地を予想して処理をしていかないと、
海の生態系をすべて壊して誰も住めない星となってしまうのですが、
２０１９年４月にあなた方が流した亀のお詫び文、約10万枚はすでに作動しているのです。

亀だけではなく、
多くの海洋生物が人間の犯した罪に対してのお詫びを聞いてくれました。
そして地球にはたくさんの人が
海を守り、地球を守りたいと真剣に考えている奇特な人たちがいることを知り受け入れてくれました。

今、自分たちの犯した行為を人になすりつける人がたくさんいます。詫びる、謝罪する人がいない世の中で、５つの罪を詫びて祈りを捧げたことは、八百万の神さまも海洋生物もすべて聞き、見て知ってくれています。

もし今後、六角形の亀のお詫び文を作って祈ってくれるなら、お詫び文と共に30年後のより良い未来も書いて祈ってください。

カラカラ、コトコト、
クルクル、コロコロ、水車のように回る
六角形のポケットにマイクロプラスチックが入ります。

そして六角形の『お詫び文』と『素晴らしい未来』を書いて海に投げたなら、必ずマイクロプラスチックは上がってきます。上がってきたマイクロプラスチックをメタンハイドレート（資源）で焼却処理をしてもらえると30年後の未来が変わります。

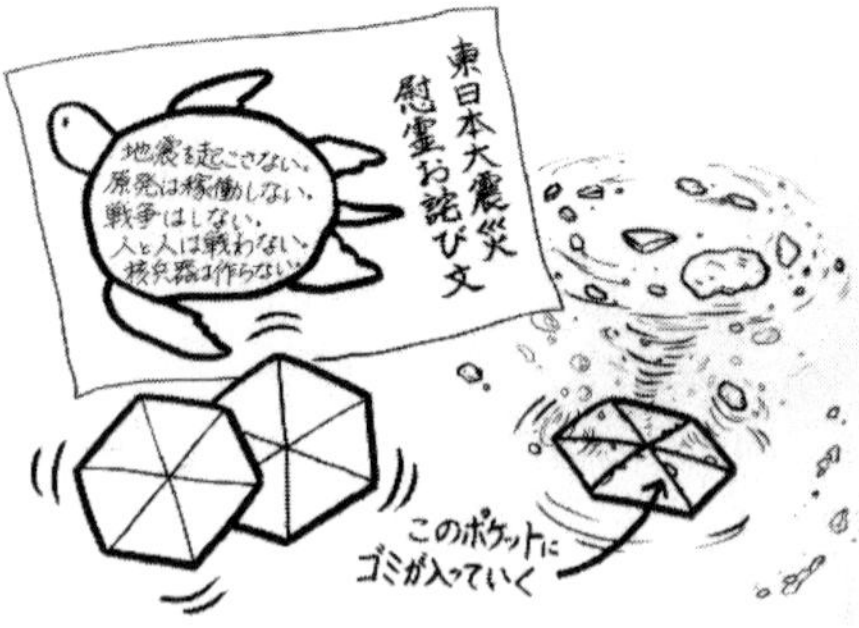
東日本大震災
慰霊お詫び文
地震を起こさない。
原発は稼働しない。
戦争はしない。
人と人は戦わない。
核兵器は作らない。
このポケットに
ゴミが入っていく

【2022年8月4日】人と資金

マイクロプラスチック処理をすると決めたなら資金がいります。

クラウドファンディングをして世界中からお金を集めてください。

お金は意識です。意識しない人にはお金は集まりません。

全世界の人がプラスチックゴミやマイクロプラスチックに意識をすると、少しですがゴミを捨てなくなります。

しかし、今から出すゴミではなく、60年間、海に捨ててきたマイクロプラスチックが問題です。

本気でマイクロプラスチック処理をしてくれるなら、

3、000億円でも5、000億円でも、いや1兆円でも出してあげますから頑張りなさい。

人は命、

自分の命も人の命も同じ命、
人の命を大切にする人は自分の命も大切にします。

命がある限り、生きなくてはいけません。
命がある限り、信じれば未来は変わります。

人間が作ったことは、
人間が解決しなくてはなりません。

人間が作ったことは、
人間の力を結集してみんなで解決しなくてはなりません。

【2022年8月4日】マイクロプラスチック
マイクロプラスチックの問題は核と同じく重い問題です。

核を作る人、核を作動させる判断をする人は一部の人間です。しかし、ビニールゴミを捨てる人は無限にいます。

プラスチックゴミが海に流れて海が汚くなる。海のゴミ（マイクロプラスチック）を食べ物、餌だと思い魚たちは食べています。

マイクロプラスチックは人間が捨てたプラスチックゴミです。

プラスチックゴミは海の波や岩に削られ5ミリ以下になったゴミをマイクロプラスチックと呼んでいますが、このマイクロプラスチックは人間の数よりも多く、回収は至難の技であり、人間の意識が変わらない限り、地球上からは消えません。

プラスチックは、人間が便利さ、手軽さ、簡単さから考え出したものですから、核と同じです。

人間が作り出した便利さ、手軽さ、簡単さから30年後には海はすべてマイクロプラスチックによって汚染され、海の生き物は死に、海は生き物の墓場となります。

真摯に受け止めて、本気で地球上の85億から88億の人間にマイクロプラスチックの意味を説明しなくてはなりません。

●全世界をあげて海岸に落ちているプラスチックゴミを手でひらう。
●全世界をあげて波打ち際に漂うプラスチックゴミを小舟ですくい陸にあげる。
●全世界をあげて大型船でプラスチックゴミを回収する。
●海洋マイクロプラスチックは水と共に大型機で吸い上げる。

その費用は莫大です。
国家予算では足りないかもしれません。

クラウドファンディング（ソーシャルファンディング）も立ち上げ国民に呼びかけなさい。
意識を変えない限り世界は変わりません。

まず最初に、マイクロプラスチックを本気で回収して処理をする。
マイクロプラスチックを全人類に呼びかけ、意識を変えさせる。

メタンハイドレートを掘り上げ、メタンと水に分ければ世界の水不足は解消されていきます。

また化石燃料は、地球の温暖化を引き起こす二酸化炭素、酸性雨を引き起こす窒素酸化物や硫黄酸化物が排出されますが、メタンハイドレートは、二酸化炭素、窒素酸化物の排出量は化石燃料の3分の2です。

もっと、もっと研究と技術が進めば3分の1まで削減ができます。硫黄酸化物はほとんど発生しません。

日本の四国、土佐沖には大量のメタンハイドレートがあります。

メタンハイドレートの90％以上は二酸化炭素と水素と微生物です。

メタンハイドレートを守っているのは微生物です。

【2022年9月5日】日本へ台風と地震

本日、中国四川省カンゼ、チベット族自治州で震度6・8の地震が発生しました。

本来は熊本県で起きる地震でしたが、台風の影響で南東に50キロずれたことで熊本は免れました。

しかし、中国は土砂崩れが激しく地域によっては深刻な被害を受けています。

四川省は比較的に地震が多く、今回は震度8の地震が熊本で予想されていただけに震度6・8と最小限におさえられたと思います。

また台風も予想より随分と小さくなりました。長崎や熊本で台風11号と地震のダブル災害を予想されていましたが、台風11号は韓国に上陸、地震は中国四川省で起こったことで日本への直接的な大きな災害は免れました。

台風12号が同時に発生しなかったことも功を奏しました。祈りが見事に成功したといえます。

【2022年9月7日】国葬の前に

安倍晋三元総理が弾丸に倒れて2カ月が経ちました。日本の中では国葬費用の概算を見て野党の批判が高まっています。

しかし、国葬を決めた時は約2億5千万円だったものが6倍に跳ね上がるとは、国民も困惑してしまうでしょう。

国葬は総理の今までの功績を評価し讃えるというのが本来の趣旨だったと思いますが、自民党議員の多くがズレにズレていますから、国民の真の思いはわからないでしょう。

意味もなく政府に対して批判をしているのではなく、コロナ、災害、食品の高騰等で苦しい生活をしている人が多いから、国葬に対して意義を唱えているのです。

安倍元総理に対し功績を讃えたい自民党の議員も多いと思いますが、あまりにも金との癒着が多すぎました。

本来なら功罪、功績の双方を正しく見ることから始めてほしい。

平和な日本なのに、
正しいことが正しいと言えない社会（日本）はおかしい。
間違いを間違いと言えない社会（日本）もおかしい。

○名護市辺野古への新基地問題
○桜を見る会の問題
○森友学園の公文書改ざん問題
○加計学園の問題
○コロナ対策の問題
○2度も政権途中に健康状態を理由にして辞任した問題
○安倍晋三元総理の死亡原因になった銃撃、その裏に隠された旧統一教会問題。
自民党員の半数以上の人が旧統一教会と関わる
○消費税、コロナ対策の70兆円給付金とアベマスク、金融政策の連続、アベノミクス
○政治の癒着と衰退
選挙応援中に凶弾

など正さなければならない問題はたくさんあります。

問題の影で、自殺する人、一家破産した人、長引く負債で会社倒産、精神的苦痛を感じている人に対して安倍晋三元総理はしっかりと正すことをしなくてはいけません。

今からでも正さなければ安倍晋三元総理も死んでも死にきれない。死んでも死にきれない関係者も多くいます。

国葬だ、総理任期が過去最長だ、功績を讃えるべきだと声高々と唱えている人ほど、安倍晋三元総理と一緒になって甘い汁を吸った人間だといえます。

霊界に行けば過去の罪をすべて見なくてはいけません。罪や穢れ、妬みや嫉妬、騙した側も騙された側もすべてを見なくてはなりません。2カ月が経過して国葬され、どんな顔で安倍晋三元総理大臣が霊となって降りてくるのでしょうか?!

詫びること、謝ること、認めること、

感謝すること、お礼を言うこと、褒め称えること、すべては一つの心の中にあります。

【2022年9月8日】1ドルが144円

昨日、東京外国為替市場の円相場が1ドル、144円になりました。
連日で24年ぶりの安値を更新しました。

このまま進んで1ドルが150円になった場合、あなたは想定内と答えますか?!
それとも想定外なので答えがわからないと答えますか?!

日銀は利上げを行わず、今もマイナス金利政策を続けていますから日本の円価格はますます下落します。

日銀の黒田総裁は「為替をターゲットに政策運営することはない」と発表しています。
また、黒田総裁は「日銀は物価安定のために金融政策がある」と言っています。
つまり、急速に進む円高を阻止するよりも景気を上げることで金融緩和を優先していることになります。

ですが、日銀の利上げできない本当の理由は『低金利の500兆円という莫大な国債』を買い込んだため利払いの負担で手も足も出ない状態になっているからです。

しかし、このままでは大幅な利上げを求めてくる米国と日本の金利差が広がる可能性は大です。

輸入品の高騰により、物価は段々と上がり、日本の家計はますます苦しくなり、生活できない状態になっていきます。

年収200万円までの若者や高齢者があふれている日本。
今後満足に食べていけるのでしょうか?!

給料は上がらない、
企業は倒産していく、

通貨は暴落する。

土地は切り売りして、

企業は縮小して、

そんな先のないような日本にしてはならない。

国民が政府のやり方、日銀と政府のかけ引きや手口をしっかりと見定めなくてはいけません。

【2022年9月11日】神さまが集まって

私たちはあなた方がした行為を6年間しっかりと見てきました。水晶龍、鹿の角、卵型水晶、お詫び文、亀のお詫び文、写経帳、祈願木、点描画など佳き行いを必死にしている姿を見てきました。

無条件で見も知らない人たちが組織も作らず、持たず、声を掛け合って祈る姿に感動しました。

移動費は皆さま自費です。なのに日本中を移動して炎形水晶を埋めに北海道から沖縄まで行かれました。

そして日本の神さまと世界の神さまを必死で読み上げてくれました。

6月の北海道は寒かったでしょう。

雨に打たれながら水晶を埋設していた人もいました。

ですが、誰一人と愚痴も弱音も吐きませんから私たち神も八百万の自然神までもが感動しました。


私たちがあなた方の行為に感謝して私たちができることを致します。

私たち神も大切な地球を守りたい。人を助けたいから私たちがあなた方に寄り添うために降りていきます。

『病と災いを除ける符』の〝病〟については7人が担当致します。
代表は薬師瑠璃光如来《やくしるりこうにょらい》
薬師瑠璃光如来《やくしるりこうにょらい》
馬頭観音《ばとうかんのん》

大穴牟遅神《おおあなむちのかみ》
少名毘古那神《すくなびこなのかみ》
観世音菩薩《かんぜおんぼさつ》
大日如来《だいにちにょらい》
薬祖神《やくそしん》

『病と災いを除ける符』の〝災い〟については7人が担当致します。
代表は磐長姫《いわながひめ》
大山祇神《おおやまずみのかみ》
稲田姫《いなだひめ》
倭猛命《やまとたける》
磐長姫《いわながひめ》
天手力雄命《あめのたじからおのみこと》
素戔男尊《すさのおのみこと》
弘法大師《こうぼうだいし》　空海《くうかい》

【２０２２年９月11日】同じ月に国葬が２つ
９月８日エリザベス女王が死去され、９月19日に国葬されると決定致しました。
同じ年、同じ月に国葬が２つもあることは世界でも類のないことです。

エリザベス女王は９月19日（月祝）・死去９月８日
安倍晋三元総理大臣は９月27日（火）・死去７月８日

イギリス新首相の就任挨拶に疑問を感じます。
イギリス史上３人目の女性はリズ・トラス氏47歳です。

今回の写真のスコットランドのバルモラル城は、エリザベス女王の休養の場所でした。

通常ならバッキンガム宮殿で就任挨拶が行われるのですが、体調がよくないので、バルモラル城になりました。
しかしその写真には不思議なものが映っているのでそのいくつかを記録しておきます。

5つの謎がある

①身長の差　エリザベス女王１６２cm　リズ首相１６９cm

②新挨拶なのにエリザベス女王のカーディガン姿はあり得ない

③目の高さが違い、双方の顔の向きもちぐはぐな挨拶

④報道写真がこの一枚しかない

（新首相リズ・トラス氏とエリザベス女王の正面写真がない）

⑤手に人の顔が映る（チャールズ新国王）

トラス氏、イギリスの新首相に就任　女王が任命

2022年9月6日

エリザベス女王の任期は長かったが、新国王に即位したチャールズ三世は長くは続かない。

【２０２２年9月12日】女性の力

世界からみて日本企業は30年遅れています。投資の世界や業績、成長でも30年は遅れています。

世界の企業から軽視されていることすらわかっていないのが今の日本企業といえます。

なぜここまで世界から日本が軽視されているのか、『女性経営者』『女性投資家』『女性起業者』を認めない男性社会が未だに日本に強く残っているからです。

夏の話に戻りますが、世界経済フォーラムで報告されたジェンダー報告書によれば日本女性は先進国で最下位。加盟国146カ国の116位です。

男女格差を埋めない、男女格差が埋まらない日本に未来はあるのでしょうか？

日本企業において女性役員は10％未満です。

海外企業では実力にあった報酬額を男性であろうが女性であろうが努力と成果に合わせて出します。

日本の未来を考えるなら女性に対し報酬額を『億超え』にすれば女性はますますやる気を出します。

未来を切り開くのは一部の賄賂に取り憑かれた年配男性ではなく、しっかり先を読む女性だといえます。

【2022年9月13日】戦争が長引き、石油が高騰

ロシアとウクライナの戦争が長引き、石油が高騰していきます。

そのあおりを受けているのがイギリスで、イギリスはこの戦争でエネルギー危機になり、10月より光熱費が年間80%引き上がります。

今後イギリスはウクライナ支援に力を入れ、ロシアを攻撃していきます。

報道では11月にウクライナが勝利といわれていますが……、ロシアのバックに北朝鮮がつく恐れがあります。

イギリスの新党首のリズ・トラス氏とウクライナのゼレンスキーは同じ匂いがします。イギリスの新党首になったリズ・トラス氏はまだ若く47歳ですからバリバリと攻撃を進めていくでしょう。新党首になったリズ・トラス氏がエリザベス女王に就任挨拶が行われたと発表があるのですが、とても信じられません。そこには就任挨拶が行われたと発表しなくてはいけない裏があるのです。

今後は

○ロシアとウクライナの戦争

○ロシアに中国と北朝鮮が加担した場合
○コロナの問題（ワクチン接種からサプリメントに変化する）
○気候変動（干ばつ・水不足）
○物価の高騰（食糧不足）

さらに、ロシアと中国、ロシアと北朝鮮の動きには注意が必要です。
今後はドローン戦争になります。
イギリスがウクライナに加担していきます。

【2022年9月14日】災い転じて福となす
大山祇神《おおやまずみのかみ》
家や土地の災いや苦しみがあれば私に話してください。必ず良き方向に導いてあげましょう。
家や土地は先祖代々からの伝承であり、預かりものです。
あなたの苦しみを除き、より良い方向に導いてあげましょう!!

稲田姫《いなだひめ》
人の妬みや嫉妬は消えるものではありません。消しても心に浮かんでてきます。
妬みや嫉妬が起きる原因は『ねたみ心』『羨む心』です。自分を受け入れて最大限に自分を愛してください。自分を愛せられたら自他共に愛してください。

倭猛命《やまとたける》
『争い』『諍い』『喧嘩』『衝突』『嫌味』など人間関係から起こる災いを鎮めるには忍（にん）の心が大事です。
心の中にある『とがった心』に封印をかけてあげましょう。

磐長姫《いわながひめ》
諸事情で苦しみ、悩み、災いがでたなら速やかに解決を致しましょう。心穏やかに、とらわれることもなく大安心の心根で生きなさい。
不安や恐怖は妄想から起こります。

現実を見て、起こったことから対処をします。
私がそばでお教えしますので一つずつ解決をしましょう。

天手力雄命《あめのたじからおのみこと》
災厄《さいやく》なことが起きたら私がかけ参じます。私に事細かく話してください。聴きながら一文字ごとに砂に書き、固めて石にして遠くに投げてあげましょう。

素戔男尊《すさのおのみこと》
五種の悪業（殺生《せっしょう》、偸盗《ちゅうとう》、邪淫《じゃいん》、妄語《もうご》、飲酒《おんじゅ》）で本人も家族も苦しむなら私に3度伝えなさい。私が悪因を阻止します。

弘法大師　空海
苦しいなら私に伝えなさい。
悲しいなら私に伝えなさい。
私はあなたのそばにいます。

【2022年9月14日】マスクの下で

マスクを着けていると息苦しくなります。

マスクの下で口が開いていませんか?!

マスクを着けていると口もとの緊張感がゆるくなり、口が半開きの状態になっている人がたくさんいます。

マスクを着けたまま長時間いますと、口が半開きになることで唾液が減ってしまいます。唾液が減ると口臭が出やすくなります。

また、虫歯や歯周炎になりますので注意をしてください。

マスクをつけっぱなしにすると口の周りの筋肉が落ちてしまいます。特に表情筋が落ちると口の周りにシワが増えます。

よく噛み、よく食べ、よく笑うことに意識を向けてください。

人のいない所ではマスクを外して、大きく深呼吸して酸素を取り入れてください。

脱マスクの準備をしましょう!!

【2022年9月15日】マスクを控える

新規感染者が拡大する一方で政府は今もワクチン接種を進めています。

一度感染したからもう大丈夫、ワクチンを打ったから大丈夫という声をたくさん聞きますが、感染は2回目だから軽症ということではありません。

本当に軽症で済みたいならもっともっと自己免疫力を上げるしかありません。

しかし、皆さまが気付いていない落とし穴があります。家の中や車の中で1人なのにマスクをつけている人がいます。

薄いマスクでも呼吸に負担がかかり、いつの間にかに呼吸が浅くなっています。
浅い呼吸では、慢性的に心拍数が低下します。
慢性的になると酸欠状態になります。
酸素が足りないと免疫機能が低下し、疲れやすくなり活気も出ません。

そこで解決策です。
外に出て新鮮な空気を吸いましょう。
足踏み程度でも良いので手を振って歩きましょう。
散歩に行きましょう。

マスクは外してください。今後はマスクは不用です。
時々、大きく長い深呼吸をしましょう。
片鼻深呼吸もしましょう。

酸素を身体の隅々まで入れると元気になります。

日本人もマスクを外す準備にはいりました。

【２０２２年９月15日】コロナワクチン接種数

コロナワクチン接種数を見てみましょう。

現在　高知県のコロナワクチン接種率は47都道府県別では40位になっています。

コロナ感染者……９５、７７８人　　総人口……６９１、５２７人

７人に１人が感染者

１回目の接種数……５６７、８１３人　81・０％

２回目の接種数……５６０、４５９人　79・９％

３回目の接種数……４４８、０２２人　63・９％

９月15日現在、静岡県がコロナワクチン接種率第１位です。しかし、感染者は１位も40位も同じ人数７人に１人です。

『ワクチン接種率1位』
静岡県コロナ感染者……472,202人　総人口……3,644,811人
7人に1人が感染者

『ワクチン接種率47位』
沖縄県コロナ感染者……492,452人　総人口……1,468,492人
3人に1人が感染者

1回、2回、3回目の呼びかけ『ワクチン接種を受けると免疫ができ、感染者や発症が大幅に減少する』と言い、ワクチン接種を勧めました。

4回目からは『ワクチン接種をすれば、仮に感染しても軽症ですみます。また重症者が減り、症状の期間が短くなります』

この呼びかけ、本当でしょうか……。

ワクチン接種期間も最初は1年、次に6カ月、その次は3カ月、2カ月、1カ月、今は3

週間。

この呼びかけ、本当でしょうか……。

みなさま、ご存じですか⁉　新型コロナワクチンは現在も臨床試験中で治験中の実験的ワクチンで安全性と有効性については詳しいデータもなく、今も今後も情報収集される状態です。

副反応にしても世界中が厳重な監視のもと長期的に検査されています。

ファイザー2023年5月、モデルナは2022年10月　臨床試験が完了になります。

今も中長期間な影響は分かっていません。

【2022年9月17日】プラチナゲートと彼岸

先月21日にオンライン講演会でプラチナゲートについてお話をする予定でしたが、愛さんのコロナ感染で1カ月伸びてしまいました。

今、プラチナゲートが開いていることから霊界では着席している場所から高等な席へと移動している人が多くいます。

子どもや孫から、友人から詫びられ、謝られたことで本人も魂が清まっています。霊界では仏となった人たちが成仏する姿が見えます。

プラチナゲートの期間と彼岸が重なる時は霊界も動きます。

日本に古くから根付いていますお盆や彼岸などは霊界も気づきと悟りの時といえます。

プラチナゲートが開く48日間は、霊界、人間界、神界（八百万の神）の戸が開きますから、罪や穢れ（けがれ）を祓うことができます。

災いや罪や穢れは清めてから光にして飛ばします。

今まであった悪疫や天災など大きな異変から起きた人の悩みや葛藤も祓うことができます。

悪病や天災や人災によって生じた心の歪み、葛藤も合わせて浄化することができます。

また、個人的な人との摩擦やトラブルも含め、心の中に残っているわだかまりから悩みまでも解消することができます。


【2022年9月18日】諸事を回避するために
1人の力では何もできないが、1人から初めてくれれば必ず大きな輪となる。

1人の声では遠くまで聞こえないが、1人から順に伝えてくれれば大きな声になる。

1人の行動は微々たるものでも、1人から動けば地球に住むみんなも動き大きな動きになる。

2001年『亀と龍の1、000年の集い』で初めて人を集《あつ》め、〝集《つど》い〟をしてもらい龍や亀に意識を向けてもらいました。

2005年~2007年まで入院をしている間、村中愛さんに「生きるとは何か」を考えていただきました。

２００６年　入院中は体調が悪く5分の徒歩も無理な状態でしたがアイラブストーン店舗図面をメッセージとして送りました。

２００７年　Pちゃんが日本に届きました。

２０１０年　アイラブストーン店舗を建てて欲しいと頼みました。２０１２年12月22日がオープン予定でしたが、２０１１年３月に〝大きな災害が発生〟とシリウス図書館で感知したので急遽建築を1年は早めてほしいと伝えました。

２０１１年１月　アイラブストーン高知店がオープンしました。３月　加尾の庭に六角堂を建立してもらいました。

２０１２年８月　水晶龍を1個販売してもらい、小川さん、岡村さんにはエジプトツアーに参加してもらいピラミッドエネルギーを日本に運びました。

２０１３年３月　今後地震や噴火、洪水や干ばつが交互に起きるので水晶龍を全国都道府県、市や町に１、０００個以上、配置してほしいと伝えました。

２０１５年５月　アイラブストーン川越店を仮オープンしてもらいました。理由は富士山の噴火を最小限に抑えるためです。

２０１６年　小川さんの発案で世界１４４、０００人の平和の祈り『平和の祈りとお詫び』５年間がスタートしました。

スタートと同時に祈願木とお詫び文が始まり、10月初旬に祈願木は燃やし、お詫び文は太平洋に流して完結。

２０１７年　世界１４４、０００人の平和の祈り『各国平和の祈りとお詫び』２年目

２年目も祈願木とお詫び文を始め、10月初旬に祈願木は燃やし、お詫び文は太平洋に流して完結。

２０１８年　来年から未曽有の異変が起きると予知し伝え、店舗を建てる条件は『寄付』１００％で年内に土地を買い、店舗を建てる計画をしなさいと伝えました。

世界144、000人の平和の祈り『地球への祈りとお詫び』　3年目　皆さまに写経帳を書いてほしいと呼びかける。

2019年9月　アイラブストーン川越店舗建築

世界144、000人の平和の祈り『星々への祈り』　4年目　皆さまに亀のお詫び文を書いて祈《いの》って折《お》ってほしいと呼びかける。同時に点描画もスタートしました。

2020年　コロナウイルス　1年目、　2月『龍の同窓会』後からコロナで移動はできなくなり1年間の計画は身の安全を考え全てを中止にしました。

3月畑に切り替えて自給自足を伝えました。

4月講演会中止からオンライン講演会に変更してもらいました。

世界144、000人の平和の祈り『宇宙への祈り』5年目　皆さまに呼びかけた写経帳1、500柱が完成し光柱がいろんな場所に立つ。

皆さまに呼びかけた『お詫び文』　15、448枚と『亀のお詫び文』　94、126枚、合計166、159枚を受け取り太平洋に流す。また2019年から始めた点描画は6月6、561枚で完成しお披露目も同時開催。

祈願木は56、585本に『平和の祈りメッセージ』が入り、1本ずつ読み、祈り燃やしました。

2021年　コロナウイルス　2年目、鹿の角埋設や水晶玉を投げる。

2022年　コロナウイルス　3年目、鹿の角埋設、炎形水晶や埋設、2050年海で魚は住めないと予告。

世界144、000人の平和の祈り『大縁会』

2023年　沖縄周辺の海底が動くというので回避の方法を考えます。

自分たちでできること、自分ならできること、今ならできることを考えて行動すると伝える。

【2022年9月18日】五黄土星の災害　統計解析

私たちは根拠なく不安をあおっているのではない。

過去500年の統計学を全て見せてあげたい。しかし近年だけ見ても簡単に分かるようにまとめてみました。

今年の2022年と来年2023年の地震、噴火、戦争には注意が必要です。

宝永4年（1707年）…宝永地震《ほうえいじしん》マグニチュード8・4　・　富士山噴火《ふじさんふんか》

明治29年（1896年）…明治三陸《めいじさんりく》地震マグニチュード8・2

明治38年（1896年）…日露戦争《にちろせんそう》　・　芸予地震《げいよじしん》

大正3年（1914年）…桜島大噴火《さくらじまだいふんか》　・　第一次世界大戦勃発《だいいちじせかいたいせんぼっぱつ》

大正12年（1923年）…関東大震災《かんとうだいしんさい》マグニチュード7・9

昭和7年（1932年）…5・15事件　上海事変第二次世界《しゃんはいじへんだいにじせかい》の引きがね

昭和16年（1941年）…太平洋戦争第二次世界大戦勃発《たいへいようせんそうだいにじせかいたいせんぼっぱつ》

昭和25年（1950年）…朝鮮戦争朝鮮動乱勃発《ちょうせんせんそうちょうせんどうらんぼっぱつ》　・　長野県《ながのけん》の浅間山噴火《あさまやまふんか》

昭和34年（1959年）…伊勢湾台風上陸《いせわんたいふうじょうりく》

昭和43年（1968年）…十勝沖地震《とかちおきじしん》マグニチュード8・2　・　3億円強奪事件《おくえんごうだつじけん》

昭和52年（1977年）…有珠山噴火《うすざんふんか》・史上最悪《しじょうさいあく》の企業倒産《きぎょうとうさん》　・　日航機《にっこうき》ハイジャック事件《じけん》

昭和61年（1986年）…三原山噴火《みはらやまふんか》　・　スペースシャトル爆発《ばくはつ》　・　チェルノブイリ

平成７年（１９９５年）…阪神淡路大震災《はんしんあわじだいしんさい》マグニチュード7・3　・　オウム地下鉄《ちかてつ》サリン事件《じけん》
原発事故《げんぱつじこ》
平成16年（２００４年）…新潟中越地震《にいがたちゅうえつじしん》マグニチュード6・8　・　スマトラ島沖地震《とうおきじしん》マグニチュード9・3
（14ヵ国で死者行方不明22万人）
平成25年（２０１３年）…伊豆大島土石流《いずおおしまどせきりゅう》　・　日本海豪雪《にほんかいごうせつ》　・　猛暑史上最高温度《もうしょしじょうさいこうおんど》41℃高知県
令和４年（２０２２年）…トンガ諸島大噴火《しょとうだいふんか》　・　ロシア、ウクライナ戦争勃発《せんそうぼっぱつ》　・　安《あ》倍晋三氏《べしんぞうし》の暗殺《あんさつ》

【２０２２年９月21日】台風と地震
２０２０年３月16日から村中愛さんに九州に行ってもらい地場の確認をしてもらいました。その後昨年２月、２０２２年８月１日〜９月８日マグニチュード８の地震が熊本周辺で起きると再度予想が出ていましたから伝え、鹿の角や炎形水晶を埋設させ回避をしました。

現段階では100%とは言い切れませんが回避ができています。

埋設と祈りの力は想像以上に強くて安堵しています。

台風11号　韓国に上陸　2022年9月6日

地震　中国四川省　2022年9月5日　マグニチュード6・8

台風14号　日本鹿児島に上陸　9月18日

地震　台湾　2022年9月17日マグニチュード6・4

地震　台湾　2022年9月18日マグニチュード6・8

しかし、まだ油断は禁物です。祈りの強化や炎形埋設を今後もしてほしい。

【2022年9月21日】マイナンバーカード

2021年5月1日時点のマイナンバーカード普及率は30%でした。

２０２２年8月1日時点のマイナンバーカード普及率は47・４％です。

マイナンバーカードが始まったのは平成27年（２０１５年）10月ですから、７年が経過しているのにも関わらず国民の半分は未だに申請をしていません。

マイナンバー制度は、社会保障や災害対策の分野で効率的で、税金などの情報が管理しやすく、複数の機関が保有する個人の情報が同一にまとめられて活用できると考え作ったものです。

行政の考えは、
◯行政の効率化
◯公平・公正な社会実現
◯国民の利便性の向上
の三本柱で作ったにも関わらず、なぜか低迷しています。

低迷の理由の裏には、

○情報漏れが怖い
○申請方法が難しい
○メリットがわからない
との声が聞こえてきます。

総務省は低迷の理由を改善させることもなく、ポイント式でお金を添えればマイナンバーカード申請が増える…と考え、申請者に最大2万円分のポイントを付与すると推進しました。

しかし1人2万円といっても総費用は1兆4、000億円になります。

1人2万円という『給付』をエサにしてぶら下げ実行しましたが、もうすぐ期日終了の9月末なのにいまだ50%未満しかありません（延期の可能性あり）

○売買の業界ではマイナンバーカードが身分証明書にはならない。
○健康保険証として未だに使えない。
○身分証明書として使えない場所が圧倒的に多い。

○裏の個人番号の流失は非常に怖い。

マイナンバーカード本来の意義、目的、利便性が決まらないまま、2万円のポイントをバラ撒く政府の考え方を改めない限り国民の真の幸せも経済の向上もないでしょう！

【2022年9月22日】部屋で大蛇の頭部（村中愛が見たもの）

『龍の同窓会』のため川越にいる時にお客さまから電話があり、「困っているので明日どうしても相談に乗ってください。明日高知に帰ってきてすぐで申し訳ないですが話を聞いてほしい」と連絡を受け、今日急遽セッションをしました。

お客さまは「良い結果がでたら10月に水晶龍を買いにきます」と言い、来た時とは別人のように明るく笑いながら帰っていきました。

その夜、

私の部屋に霊堂の白蛇が見えました。

胴体は壁の向こうにあり、頭だけで2mほどある大蛇です。
首から頭だけが見え、真っ正面で私を見ています。口はしっかり閉じていてベロも出していません。瞬《まばた》きもほとんどしませんでした。

霊堂とはいえ、大蛇が怖くてベッドには入れず、机にもたれて椅子に座って寝ました。
朝方の4時頃に目が覚めると霊堂の大蛇は消えていませんでした。

布団をめくっても温度も気配も感じなかったので布団に入り寝ました。

【2022年9月22日】日本の祓い

日本には祓いがたくさんあります。祓いこそが日本の力の源です。
身滌大祓《みそぎのおおはらい》・大祓詞《おおはらいのことば》（中臣祓《ちゅうしん》）・大祓詞《おおはらいのことば》（旧）・鳥居之祓《とりいのはらひ》・稲荷五社大神祓《いなりごしゃおおがみはらい》
十種大祓《とくさのおおはらい》・六根清浄大祓《ろっこんしょうじょうおおはらい》・天地一切清浄祓《てんちいっさいしょうじょうはらい》・一切成就祓《いっさいじょうじゅのはらい》・三種太祓《さんじゅのたはらい》
最上祓《さいじょうのはらい》・井戸神祓《いどのかみのはらい》・粟嶋神巳待祓《あわしまじんみまちのはらい》・金毘羅神祓《こんぴらじんのはらい》・庚申祓《こうしんのはらい》・船玉祓《ふなたまのはらい》
三科祓《みしなのはらい》・疫神祓《やくじんのはらい》・日待之祓《ひまちのはらい》・月待之祓《つきまちのはらい》・産土神祓《うぶすなかみのはらい》・山神祓《やまかみのはらい》・海神祓《わだずみのはらい》

屋堅之祓《やがためのはらい》・厄年祓《やくどしのはらい》・祖廟霊鎮祓《そびょうたましずめのはらい》・修祓《しゅうぼつ》
摩訶般若波羅蜜多心経《まかはんにゃはらみつたしんぎょう》
27の祓文との中でも大祓詞《おおはらいのことば》1つと般若経もあげれば良い。

【2022年9月23日】白蛇大蛇の夢を見た（村中愛が見たもの）

白蛇大蛇の夢を見ました。

大蛇はとぐろを巻いています。昨夜部屋に来た大蛇です。

出雲に行こうとエンジンをかけると大蛇は、とぐろをスルスルと解き、車の後ろを付いてきました。

出雲大社には息子も娘も一緒に行くはずなのに自分で運転し、1人だけで向かっています。

目が覚めて時計を見ると5時でした。

【2022年9月23日】4カ所を壁に垂直にする

『足の踵《かかと》』と『おしり』と『肩甲骨《けんこうこつ》』と『後頭部』の4カ所を壁に垂直にします。

両足をくっつけて立ちます。

両手は軽く下ろしてください。壁にもたれると楽と思う人は疲れています。

背中全体が壁にくっつく人は痩せすぎです。

足先の指に力が入る人、前向きに少し倒れそうなる人は太りすぎです。

肩甲骨の面が広く触る人は猫背になっています。

頭とおしりと後頭部が触る人は身体が後ろ向きにそっています。

『足の踵《かかと》』と『おしり』と『肩甲骨《けんこうこつ》』と『後頭部』の4カ所が同じ感覚で無理なく立てっていれば大丈夫です。

時々は壁に背中をくっつければ自分の姿勢と体形がわかります。

【2022年9月24日】してはダメな姿勢

『してはダメな姿勢』3ポーズがあります。姿勢が悪いと体調が悪くなるので注意してください。

1つ目は、足を組む

足を組んで座る人は既に身体は歪《ゆが》んでいます。つまり背中は猫背、組んだ足の付け根、骨盤は後ろ側にそっています。骨盤に歪《ゆが》みがあるから足を組む楽に座れます。足を組むから骨盤がずれるのです。

骨盤を包んでいる筋肉には左右差があります。筋肉が固くなるとバランスを保とうとして無意識に足をくんでしまいます。足を組もうと思った瞬間、どちらの足を上にして組もうとしたかを思い出して、反対側に腰を軽くねじって、足を組むことを止めましょう。

2つ目は、頬杖《ほおづえ》をつく

テーブルに肩ひじついて頭を乗せたくなるのは背骨に歪みがある証拠です。

肩こり、首コリ、むくみ、猫背になっている証拠です。

くせで頬杖《ほおづえ》をついていると、同じ方向ばかり向くことで頬に圧力がかかるので、顔が歪んできます。

極端に言うと口が半開きになり、歯並びが悪くなり虫歯ができやすくなります。目の位置もずれてきます。

3つ目、長時間のスマホ

スマホを長時間すると『顎《あご》関節症』になります。

長時間スマホで打ち込みやゲームをしていると常に歯を食いしばっている状態になります。

歯の食いしばりから頭痛、肩こり、歯痛、嘔吐が起き、耳の側が傷みだすと危険信号です。耳の前側が傷みだすと、あごが突然外れる場合もあります。

皆さまの生活習慣や労働環境で身体に生じる歪が起こります。しかし、簡単に身体の狂いや歪も治せますから、できるだけ自分に合った予防をしていただけると良いと思います。

特に立っている時に体操をしてください。

①まっすぐ目を真正面に見て、少しあごを引き、目を下に向けます。目を軽く閉じても

良いとおもいます。5回ぐらいすると目の疲れが取れ、唾液も出てきます。

②意識して背筋を伸ばします。少し肩を反《そ》らしましょう。

③下腹に力を入れて肛門を1秒ほど閉めます。5回ぐらい繰り返すとお腹の無駄な脂肪が取れていきます。また尿管周辺の筋肉が鍛えられます。尿漏れなどが止まります。

④膝は伸ばして立ちます、膝に力を入れず、足底でしっかりと立ちます。

⑤足は肩幅より少し狭く開きます。1時間に1回の割合で踵《かかと》を上げの運動を10回ほど繰り返すと足の疲れが違います。足は片足に体重を乗せるのではなく両方に体重がかかるようにします。

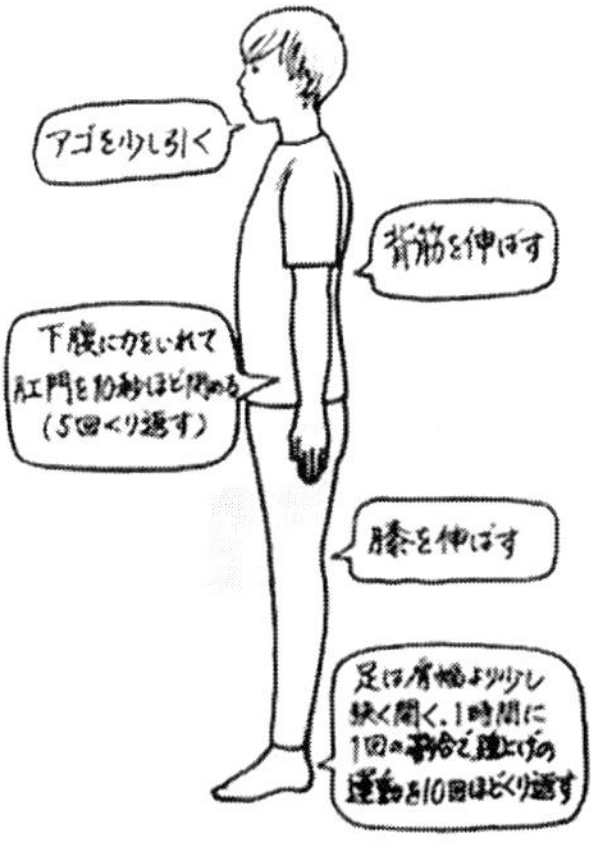

【2022年9月24日】先祖の人から

私たちの先祖の中にも人を悩ませ困らせた人がいます。

得意なことを一生懸命努力して生きた人もいれば、悩みや苦しみの中で生き抜いた人もいます。

生前にすべての悩みや苦しみを解決して霊界に旅立てば良いのですが、ほとんどの人が苦しみを解決して霊界に旅立ってはいません。

生前、自分のしたことを反省し、謝ってから霊界に旅立つ人は半数もいません。

そして死の間際に『ありがとう』とお礼を言えてから亡くなる人は少数です。

もし、自分の親や兄弟姉妹、子どもが誰かを恨み、逆に恨まれていたら死んでも霊界で裁かれ苦しい思いをします。

亡くなる前に解消できなかった感情を残したまま死んでいくとなかなか仏の境地や悟りの境地に達することができません。

霊界で裁かれ苦しくなると、子孫に伝えてきます。それは逆化の形であわられてきますから病気、ケガ、事故、変死、家庭不和、経営不信、倒産等、諸々の不幸として『お知らせ』がきます。

最初は小さな子ども↓大きな子ども↓お父さん↓お母さん

または、小さな子ども↓おじいさん↓大きな子ども↓お父さん↓おばあさん↓お母さんの順に『お知らせ』がきます。

『お知らせ』は因縁的な霊障や肉体や精神にきますから早めに因縁祓いをしましょう。

徳がなくて人生が上手くいかないという人がいます。

徳がない人を調べると「マイナス」の穴が開いたままで神さまに借りを作ったまま生まれてきた人がいます。借金を持っていますから、先ずはマイナスの穴をふさぎ、フラットにしてからプラスにしましょう。

【２０２２年９月25日】服忌心得

喪中の時はどうしますか？　質問がありました。
簡単に喪中といいますが『服忌心得《ふくきこころえ》』といいます。
父母は50日間家で喪に服し外出はしない。（慶事、娯楽には行かず、大声で笑わない）
神社には13カ月行けません。因縁を解く（祓い）も喪が明けるまで待ちましょう。

父母…50日間　神社…３９０日間（13カ月）
夫・妻…30日間　神社…３９０日間（13カ月）
子…50日間　神社…３９０日間（13カ月）
祖父・祖母…30日間　神社…１５０日間（５カ月）
兄弟姉妹…10日間　神社…90日間（３カ月）
異母兄弟…10日間　神社…90日間（３カ月）
孫・ひ孫…10日間　神社…90日間（３カ月）
義父母…10日間　神社…30日間（１カ月）
養子・養女…10日間　神社…30日間（１カ月）
伯父（叔父）、伯母（叔母）…10日間　神社…30日間（１カ月）

甥・姪…10日間　神社…30日間（1カ月）

【2022年9月26日】見舞金が当初の倍額　（村中愛が見たもの）

祖母は「蛇の夢を見たら丸3日間は人に話したらダメ、金運が消える」とよく言っていました。

今日は4日目になったので小川さんに部屋に大蛇がきたこと、出雲まで大蛇と行った話をしました。

すると、小川さんから「一緒にした講演会、愛さんの講師代を月末に振込する」と言ってもらいました。

次の日にはJA高知市からコロナの見舞金が当初の倍額の30万円出ると連絡をもらいました。

確かにへびの夢からお金回りが良くなりました。

【2022年9月26日】金山の水守り石仏

金山の石仏に江戸切子のおちょこを持って行き『このおちょこで水を飲みたいですか?!』と聞くと『切子のおちょこが欲しい』と答えました。

小川社長が切子のおちょこに水を入れてお供えをすると石仏が、

「私は金山の井戸を守る水守りです。金山の水は枯れることなくこんこんと湧く井戸でした。山が変わったのか、里が変わったのかと聞かれますと人が変わったと答えたい。金山の井戸は、ほとんど枯れてしまいました。

私が着ている布を巡《めぐ》ってください。

私の手を出してください。

手が出ないと、水を出したいと思っても布でふさがれて手が出せないのです。

私は井戸を護る『水守り』なのですから手の上の布を除けてください」

【2022年9月26日】大国主命の審議

小川雅弘氏は10月16日出雲に行きなさい。

神がモーゼにカナンの地に行けと指示しました。カナンの地は「乳と蜜の流れる場所」「約束の地」です。


神はお試しになります。

本人に熱が出る、家族に熱が出る。住んでいる市町村が大火で焼かれる。瀬戸大橋が濁流で流れる…、どんないかなるお試しにも止まることなく進んでいくのか。

しかし、この文章は本人に伝えることなく愛さんの胸の内で止め、10月16日以降まで文章を公開してはなりません。


【2022年9月27日】田中神社に行きなさい

罵倒される人、
成功したい人、
うだつが上がらない人、

人に嫉妬され、妬まれる人、
決めた目標を実らしたい人、
今以上に結果を出したい人、
何か間が悪い、何か抜けている人、
頑張っても成果がでない、実らない人、
人や企業に自分の成果を取られる人、
人生の運気が上がらない、芽が出ない人、

田中神社に行きなさい。

田中の字は、枠が6つあります。6つの枠に6つの目があります。

サイコロには、すべての面に目がありますから芽が出ます、心眼がありますから心願成就致します。

佐陀神社の境内《けいだい》に田中神社があります。

サイコロの目は6つありますが、〝5〟で構成され強いエネルギーを持っています。

永遠の命を持つ（延命長寿）磐長姫とすべての縁を結ぶ（縁結び）木花咲耶姫が祀られています。

【2022年9月29日】白蛇大蛇の皮パンツ（村中愛が見たもの）

13：30　久々に高知のボランティアさんやスタッフが揃ったので白蛇大蛇の夢の話をしました。

話が盛り上がり楽しいひとときでした。

17時になったので帰ろうとした時にお客さまが愛乃コーポレーションのドアを開けました。

先日セッションした人が「愛さんの指示通り実行したら結果が出たので水晶龍を買いにきました」と言ってくれました。

水晶龍を買いに来てくださったことにも驚きましたが、もっと驚いたのはお客さまが履いていたパンツ（ズボン）が、白蛇柄でした。

そして、このパンツはウロコ柄のプリントだけど、自宅

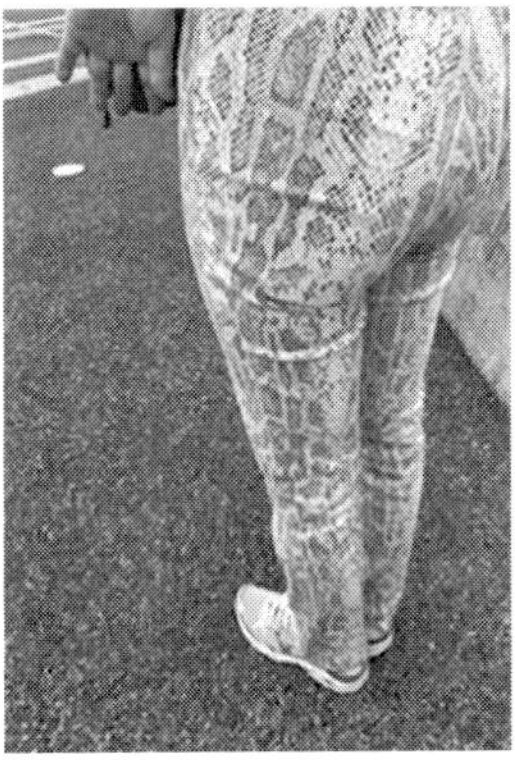

には本物の白蛇大蛇の皮で作ったパンツを持っているというのです。
お客さまには、白蛇の話をしていないのにヘビのウロコ柄のパンツには驚きました。

【2022年10月1日】10、000円札のカード
10、000円札のカードに穴を開けます。
今回の出雲大社・美保神、社ツアーの記念品は『金の種銭』です。皆さまの金回りが良くなるために、10、000円札のカードに穴を開け、金とおしを良くします。
『お金の見透視』『お金の実投資』『お金の巳通し』の意味です。
10、000円札のカードは、福沢諭吉さんの肩の上に穴を開けて、皆さまの肩に乗っているお金のカルマや業を外しました。
『お金の種銭』は財布に入れても良い。
『お金の種銭』は竹に釣るして飾っても良い。

『お金の種銭』は恵比寿さまの横に置いても良い。

【2022年10月3日】不思議なカエル

朝がた不思議なカエルの夢を見ました。
目が横に並んでなく目が縦に2つ並んで口があります。

目が縦にあるカエルが何をしていたかといえば……
強い風にあおられ島根半島に海蛇《うみへび》が漂着します。砂浜に上がった海蛇を蛙が仕分けをしていました。

メシアメジャーのメッセージ
「海蛇の頭部は小さいので、トグロを巻いた後、しっかり頭が立つような海蛇を見定めます。
稲佐の浜に上がった海蛇は、
出雲大社へ奉納され、

御崎海岸に上がった海蛇は、
日御崎神社へ奉納され、

北浦海岸に上がった海蛇は、
佐太神社へ奉納されます。

人が海蛇を見る前に、カエルが神饌してから人の手にお渡しするのです。
蛇は卵胎生（メスのお腹の中で卵を孵化させてから子を産む）のですから、そのことも
しっかりと踏まえて見定めてから神々さまの先達として蛇体を「龍蛇さま」と呼び敬い、松
明の灯火の中、街を練り歩き神殿に入ります。

今は、三カ所の神社で神送り神事がなされていますが本来は佐太神社のみの御神事でした」

【２０２２年10月４日】降り参道
高さ23・５メートルの大鳥居をくぐり、

石畳が美しい神門通りを抜けると祓社があります。

祓社で一礼をして神の聖域《せいいき》に入ります。

出雲大社には全国的にも珍しいくだり参道がまっすぐに伸びています。

しかし、くだり参道で有名な日本三大降《くだ》り宮の社殿は〝群馬《ぐんま》県の貫前《ぬきさき》神社〟〝宮崎《みやざき》県の鵜戸《うど》神社〟〝熊本《くまもと》県の草部吉見《くさかべよしみ》神社〟です。

【2022年10月5日】地震回避
昨年2月に「熊本県に震度8の地震がくるので回避のために鹿の角を切って埋めなさい」と伝えました。しかし村中愛さんは皆さんが恐怖になる、生きる希望がなくなるからと、震度8の地震が熊本にくることを伝えないまま鹿の角を切り始めました。
その時は手動で鹿の角を切り始めたため、1人で1日に5本程度しか切れませんでした。
その後多くの方にお願いし、鹿の角を電動ノコギリで切るようになるとたくさん作れるようになり、そのかいあって鹿の角はたくさん埋設ができました。

ともに炎型水晶、鹿型の水晶、卵型（祈り）水晶のおかげさまで回避ができました。

昨年2月には、鹿の角と水晶を埋めることを伝えて
また今年の春に、「来年沖縄に水晶を埋めに行ってほしい。

今日から下見で沖縄に行ってほしい」と頼みましたが、首を縦に振りませんでした。

愛さんは、時間的余裕と経済的余裕がないからです。小川さん1人が沖縄に向けて飛び立ち、本日、水晶を埋めてくれます。

ですが、鹿児島県の屋久島から奄美大島間のトカラ列島、沖縄から九州までの沖縄トラフ、フィリピン海プレートとの海底領域で起きている断裂を防がなくてはなりません。フィリピン海プレートはユーラシアプレートとつながっていますから…。

韓国や中国では台風と共に地震が起こっています。台風が海底を混ぜるので簡単に地震が起きているのです。

関東や北陸でも頻発に地震は起きており、太平洋プレートの滑り込みでユーラシアプレートが飛び上がる前兆が起きています。太平洋プレートが一緒に跳ね上がれば、九州、四国、紀伊半島は震度7以上の地震が起き、3分以内に巨大津波が襲ってきます。

早く水晶の準備をして、来年の春には沖縄に埋設に行きなさい。

みんなで沖縄と九州に水晶を埋設し、回避すること。
震度8の地震を回避できるように切に願っています。

【2022年10月5日】方位の神さま

方位神、つまり方位の神さまは九星学で知られている十干や十二支にしたがって移動する神々のことです。方位の神さまは吉神と凶神の2つに分けられます。

方位は年盤、月盤、日盤とありますので、詳しくは『方位図』や『万年暦』を見てください。

『方位図』は、家の建築、引っ越し、就職や進学での移転、旅行、買い物などをする際に、自分の（寝泊まりしている）家を中心としてどの方角が吉方位か凶方位なのかを見るときに用います。

方位の神さまは、歳徳神・太歳神・歳禄神の３柱が代表的です。

ただし、太歳神は時により、凶神の作用が働くことがありますから注意が必要です。家屋新築、動土、移転、開店、旅行、結婚での移転なども注意してみます。方位を犯すと肉体や精神をそこなうこともあるので行うさいには、まず年月日から吉神の所在を調べます。そしてその方位に向かって執り行うと、良い結果が出ます。

歳徳神《としとくじん》は、

暦を開くと、その年の福徳を司る神さまで、「年徳」「歳神」「お正月さま」「としとくさま」と呼ばれ、八角形の『方位吉凶図』の近くに描かれている女神さまです。

正月に門松を立て、一番最初に家の中にお迎えする神さまです。

『方位吉凶図』に「恵方」や「あき方」「明きの方」と書かれています。

また、歳徳神を新年にお参りすると、その1年は安泰で家業繁盛するといわれています。

また、諸々の事柄はこの方位に向かって行えば成就するため、節分に恵方巻を丸かじりする行為も、この方角です。

九星の自分の本命星《ほんめいせい》と歳徳神のいる方位が重なると、その年は大吉とされます。

【2022年10月5日】すべて上手くいく

今回の出雲大社（大国さま）と美保神社（恵比寿さま）の正式参拝ツアーはハプニングだらけです。

しかし、ハプニングと思うことが正常で、反対に何もハプニングがなければ神さまから絶大なご支援をいただけていないことになります。

人の出入りもあります。

突拍子ない出来事もあります。

しかし、最後に神さまが人の口を使って

「鯛をもらいましたか？」

「鯛をもらいなさい」と聞いてくれたなら素直に従いなさい。

美保神社で「鯛」をもらったなら恵比寿さまがくださったものだから大事にもらって帰りなさい。

自宅に帰ってから恵比寿さま・大国さまの神棚にあげてお礼を言いなさい。

すると、出雲大社・美保神社にお参りした全員にも同じご利益があります。

神さまの試練を代表で受ける人、
神さまのお授けを代表で受ける人、
みんなそれぞれに役割があります。

【2022年10月6日】金神

『金神《こんじん》』とは日本の方位の神さまで「祟《たた》りかみ」ともいわれます。
特に2022年の今年は「艮うしとらの金神」といわれ、鬼門中の鬼門で〝大祟〟ですから強さや規模では尋常でない災害が起き、予想外の出来事も頻発します。

金神は歳徳神の正反対に位置し、
戦争や大火・干ばつ・疫病を司る凶神です。
金神は古い暦には記載されておらず、平安時代末期から流行し始め、江戸時代の『貞享《かっ》暦《ぬか》』から記載されるようになりました。
金神のいる方位は金の氣が満ちて、物心すべてが冷酷になり上手く行きませんから鬼門以上に忌み嫌われました。

金神の方位に向かって、動土・建築・移転・結婚・墓を作ることなどが厳しく忌まれました。

もし犯すと、「金神七殺《こんじんしちさつ》」といって家族7人が殺される。

家族が7人いない場合は隣の家にまで災禍が及ぶとされて恐れられています。

金神は八将神のうちの1柱で大将軍と同じく、ときどき自分の方位から移動（遊行《ゆぎょう》）します。

決まった十干十二支の日と、四季ごとに年間合計45日間の空があるため、方位さえ避ければ大丈夫とされています。

また「金神の間日《まび》」という日があり、金神がいるにも関わらずその方位に向かって何かをしても差し支えない日もあります。

【2022年10月6日】369柱の神さまが集う

メA：　10月9日・10日、出雲大社にて参拝をすることとあいなった。

メB：そこで今年はシリウス図書館の本に載っていますす内容を3点申し上げます。

メC：出雲大社では旧暦で行うため、10月25日～11月23日を神在月といいます。

メC：しかし、10月9日、10日、15日、16日、22日、23日に、３６９柱の神が島根県の上空（角度66度）にて待機しています。

メC：３６９柱の神の中から15柱の神さまか降りて来られます。

①大国主命《おおくにぬしのみこと》
②大山祇神《おおやまずみのかみ》
③稲田姫《いなだひめ》
④倭猛命《やまとたけるのみこと》
⑤磐長姫《いわながひめ》
⑥天手力雄命《あめのたじからおのみこと》
⑦素戔男尊《すさのおのみこと》

⑧瀬織津姫《せおりつひめ》
⑨観世音菩薩《かんぜおんぼさつ》
⑩馬頭観音《ばとうかんのん》
⑪薬師瑠璃光如来《やくしるりこうにょらい》
⑫薬祖神《やくそしん》
⑬大穴牟遅神《おおあなむちのかみ》
⑭少名毘古那神《すくなびこなのかみ》
⑮大日如来《だいにちにょらい》

【2022年10月7日】地震、海底火山に隕石

鹿児島県の屋久島から奄美大島間のトカラ列島、沖縄から九州までの沖縄トラフ、フィリピン海プレートとの海底領域で起きている断裂を防がなくてはなりません。

太平洋プレートの滑り込みでユーラシアプレートが飛び上がる前兆が起きています。太平洋プレートが一緒に跳ね上がれば、九州、四国、紀伊半島は震度7以上の地震が起き、3分以内に巨大津波が襲ってきます。

みんなで沖縄と九州に水晶を埋設し、回避すること。

震度8の地震を回避できるように切に願っています。

2022年の10月5日『地震回避』の一部を記載致しました。

私たちは来年3月中に水晶を埋設して地震回避を願っております。地球の物としては水晶が最強ですが、他にも特異なエネルギーはないものかと考えました。

そうです、地球にないエネルギーは隕石です。

隕石のほとんどは46億年前にできています。太陽系とほぼ同じ年齢であり太陽系の成り立ちと地球の成り立ちが似通っていますから、あえて海に隕石を投げ入れ、マグマの力を弱めるための消火剤に使おうと考えました。

地球に落ちてくる隕石は、火星と木星の間にある小惑星から外れたものが地球の引力に引っ張られ落下してきたものですから、マグマに引っ張られて小さな隙間に入り、元々火の玉として燃えながら落ちてきた隕石が消火剤になるでしょう。

また、昔から流れ星に願い事をすると叶うと信じられ、多くの人が流れ星に向かって願いをかけました。

流れ星つまりそれは隕石なのです。願いが叶う隕石の奇跡に希望を託します。


【2022年10月8日】隕石を海に投げる
私たちは108個の隕石を探してくださいと頼みました。

もちろん、隕石の値段が高いことは知っています。

しかし、値段の高価安価よりももっと大事なことは地球を残すことです。

海は大量のマイクロプラスチックが漂い、陸や山では温暖化で自然発火が起こり大事な資産が燃え、人は戦争で戦っています。

軍事費に力を入れるよりも自然環境保護に力を入れるべきです。

戦争にお金を入れるよりも平和活動や人類救済にお金を入れるべきです。

今回も自主性に任せます。
お金を出せる人はお金を出してください。
身体とお金を使える人は沖縄の海に隕石を投げに行ってください。
１０８人が必要です。子どもから大人まで年齢も性別も問いません。

沖縄の島々で青い海と青い空に祈りを捧げてください。

与那国島、小浜島、石垣島、久米島、ケラマ諸島、ヨロン島、奄美大島、
沖縄本島、南大東島、宮古島、伊良部島、竹富島、西表島

宮古島は海抜１１５ｍしかありません。

２０２３年3月3日~31日の間に沖縄の海に隕石を投げてください。
水晶ポイントは日本全国の砂浜に埋めてください。

『みんなの祈り資金』を集めましょう。

【2022年10月9日】神さまが降りてきた（村中愛の思い）

5つの色が混じった雲に乗って神さまが降りてきました。

初めて色のついた雲を見ました。白80%、赤、黄、緑、青、赤紫にも見えます。

メシアメジャーに「色の付いた雲に乗って出てきたのは神さまですか？」と聞くと「大国主命ですよ」と答えてくれました。

今まで雲に乗って出てくる神さまを何度も見ましたが皆さま単色でした。5色の色の雲は初めてみました。

【2022年10月9日】スタッフの熱（村中愛の思い）

スタッフ（娘）は熱があります。昨日から熱があり、今41度あるそうです。出雲大社・美穂神社のツアーの初日です。

熱の高い娘を置いていくのは辛いですが、私は休むこともやめることもできません。息子と娘と、2人には申し訳ないのですが、行くしか前に進むしか方法がありません。

【2022年10月9日】方位の神さまからの話

吉方位に変えるには60日間同じ場所にいて、水を飲み、食べ、住まなくては方位は変わりません。

しかし、病気やケガやストレスを軽減するために簡単にできる運気を良くする（変える）方法を教えます。

本人からみて吉方位から求めた塩、水、米、砂を使います。
距離は最低でも20キロ以上離れた場所から購入するか、もらいましょう。
遠く離れたほど効果は上がります。

塩を使う場合（2カ月間有効）
◯お風呂に片手一杯分の塩を入れてお風呂に入ります。
◯200ccのお湯割りにして飲みます。
塩を飲むのは1カ月間で3日に1回、小さじ半分の量の塩を飲みます。

○塩が余った処理の方法
塩が余った場合はそのまま使わず野外に撒きましょう。
＊土地の四隅に撒く。
＊2リットルの水にスプーン1杯のお塩を入れて花や木のない場所に撒く。

水を使う場合（6カ月間有効）
○毎回、1回2リットルのお水をお風呂に入れて沸かしてから入ります。
少しぬるめで20分ぐらい入ると効果的です。
○60日間、水を温めてから飲みます。本人の好む量で良いですができれば1日1リットルは飲むと良いでしょう。

＊早ければ1カ月で結果が出ます。

米を使う場合（2カ月間有効）
○吉方位から米を買います。
○毎日、3食炊いたご飯を食べます。

１食１８０ｇを食べましょう。
◯毎日60日間ご飯を食べると元気になります。
＊食事がすすまない人は大のスプーン一杯分の白米を赤い紙に包んで布団の下に敷いても身体が元気になります（まじない）。
＊食欲不振、うつ、術前後、不眠、妊婦の人には白米に少量のもち米を入れて炊くと食欲が増します。

砂を使う場合（３カ月間有効）
◯吉方位から海の砂をとってきます。（買います）
◯砂は１キロ～３キロで充分です。
◯砂を３日３晩水に浸けて汚れをとります。
◯水分がなくなるまで太陽に当てます。
◯寝室の布団の足元に置きます。

＊体調が悪い人はバケツなどフタのない物に砂を入れます。

＊元気な人はペットボトルに入れてストレッチ体操に使っても良い。

【２０２２年10月９日】浄の池

11時、愛さんが運転する車が出雲大社近くの駐車場に着きました。

降りた瞬間、愛さんは霊堂のヘビを見ました。

先日、自宅にいた白蛇とは違い黒い蛇です。愛さんはヘビをまたいで渡ろうとしましたがヘビが大きくてまたげませんでした。

霊堂のヘビは踏まれるとは思っていなかったようで、皮膚の一部を踏まれたものですから皮膚を脱ぎ捨てて（脱皮）して『浄の池』に逃げました。

海蛇は依代に移され神送りの儀として祀られ末永く祀られるのですが、２体の内の１体は供養されることもないまま捨てられます。

捨てられた海蛇（龍）の魂は『浄の池』に沈んだまま、龍になれる

日を夢見ながら水晶玉を待っているのです！

【2022年10月10日】コロナ感染

10月5日に息子がコロナに感染しました。

車を貸すので運転して出雲大社に行ってほしいと頼まれました。

10月9日（日）長女が島根県に来てからコロナに感染していることが判明しました。しかし、長女が埼玉県から高知に帰省したとき、すでに息子はコロナに感染し療養していたので、2人は会っていません。実家と職場での接点もないのに感染していたのです。

10月10日（日）スタッフもコロナ感染しました。

9月23日に見た夢（出雲大社に1人で車を運転して行っている）は、現実に起きる予知夢でした。

【2022年10月10日】スタッフの熱（村中愛の思い）

スタッフ2人に熱があります。出雲大社・美穂神社の両日です。

出雲まで来て……。

ツアーがすべて終わり島根県松江市の日赤病院に2人を連れていくと、まさかのコロナ陽性でした。

高熱で高知に帰れないので1週間松江市の医療施設に入所することになりました。

私も一週間ホテル待機で残ることになりました。

【2022年10月10日】美保神社で団扇をもらう（村中愛の行動と思い）

出雲大社では神楽殿で、美保神社では本殿で正式参拝を終え、そして皆さまは神魂神社に行かれました。

私は皆さまが出たあとそれぞれのお店にお礼のご挨拶に回らせていただきました。

すると、私が止めていた醤油屋の女将さんから声をかけられました。

「本日はおめでとうございます」

さっき、新郎新婦が前を通ったので結婚式の参列者と思ったのかしら……。

私も「おめでとうございます。きれいな新郎新婦さんでしたね」と返事をしました。

2時間近く駐車場に止めさせて頂いたのでお醤油を数本買い、お話をしていると大きな団扇《うちわ》が目に入りました。金の団扇が凄く光っています。

メシアメジャーが言いました。「金の団扇で扇ぎなさい。風向きが変わります。物事が動かない時も金の団扇で扇ぎなさい。みんなが幸せになるように金の団扇で扇ぎなさい。今日〝天の日〟なので海に向かって扇ぐと全世界の人が昨日より今日が幸せになります。今日は10月10日〝天の日〟です」と言われました。団扇は30㎝以上ある大きなものです。

女将さんに「団扇は販売しているのですか」と聞くと、

女将さんは「金の団扇が欲しいかね、あなただったらあげてもいい。欲しいなら1個だけ新品があるのであげましょう」と言ったあと「金の鯉をもらったかね、金の鯛をもらいなさい」と言われました。

先日メシアメジャーのメッセージにあった「鯉をもらったかね、鯛をもらいなさい」と同じ言葉です。〝金〟の言葉はないですが……、言葉の内容はほぼ同じです。

金の団扇と金の鯛の話をおかみさんに聞きました。「2016年美保神社遷宮の時、町内で団扇をつくり神さまに奉納したこと、また遷宮記念で金の鯛をつくり、今の修復工事の寄付をすると金の鯛がもらえること」を教えていただきました。

「鯛をもらいなさい」と言われていたので再び美保神社にお参りさせていただき、寄付を1万円させていただきました。

金の団扇と金の鯛が揃うとメシアメジャーは喜んで「金・団扇・鯛」が揃ったと喜んでくれました。

メシアメジャーの女性の人が「団扇はもともと修験者や天狗の用具、また沖縄の巫女も使っていました。団扇を仰いで良い風、良い動きを起こすことができますね」と言われ、「金の鯛を恵比寿大黒さまの前におくと、財運が飛び跳ね上がる」と言って喜んでくれました。

【2022年10月11日】神との契約は30億円

2022年2月5日に小川雅弘氏に、30億円の契約について、神々への報告は2022年10月16日出雲大社の上空、大国主命議長のもと結果を報告します。
今後の神の担当金100人分についても同時に審議を執り行う。

小川雅弘氏、村中愛氏の両名は出雲大社への立ち入りを許可します。と伝えています。

2月のメッセージから、小川さんはなんとしても大国主命の審議の結果を知りたいわけです。

村中愛さんは元気で動けるのですが、アイラブストーン川越店のスタッフと愛乃コーポレーションのスタッフが出雲に来てから次々とコロナ感染者になり動けなくなりました。

愛さんはコロナ陰性ですから動けるのですが、神が『神社に来てください』と呼びますから動きまわり、夜になるとメッセージが大量に届くので、夜から朝にかけてずっと打込みをしてもらいます。

【2022年10月13日】米を食べなさい

コロナに感染した人に特に読んでほしい。

コロナワクチン接種をしすぎた人に特に読んでほしい。

コロナに感染していない人も読んでほしい。


コロナ感染者やワクチン接種者の腸を見ると、善玉菌が著しく低下しています。

本来、日本人の腸内細菌は特異にできていてビフィズス菌や善玉菌が非常に多い人種です。

また、炭水化物、ミネラル、ビタミン、アミノ酸の代謝が優れています。

その理由は穀物や発酵食品、アミノ酸食品を大量に食べていたから元気でした。


しかし、今は他国カブレしていますからパンや牛乳、パスタに偏っています。

他国カブレから日本人がお米を食べることをやめてしまい、善玉菌が減ったことが原因でコロナ患者が蔓延しています。

コロナ感染者が増えてきました。

ワクチン接種も4回目になると助けることが難しくなってきました。

お米を食べなさい。
海藻類を食べなさい。
サバやサンマなど青魚を食べなさい。
味噌、醤油、発酵食品を食べなさい。
玉ねぎ、ゴボウを食べなさい。
納豆、大豆を食べなさい。
キムチや漬物を食べなさい。
アスパラガス、ニンニクを食べなさい。
小松菜、ネギ、春菊を食べなさい。
酵素を飲みなさい。

子どもに出すおやつ、クッキーをやめて、小さなおむすびを食べさせなさい。

熱や咳が止まりコロナ陰性になっても、悪玉菌が善玉菌より多ければ、腸内でウイルスは生きているのです。

【2022年10月14日】九州沖縄にツアー

沖縄で戦った多くの戦争犠牲者の追悼、及び平和の祈りであり、未だ遺骨収集されていない死者の供養にもなります。

戦争を繰り返さない為にも、他国の戦争終息を祈ることも大事な役割といえます。ロシア、ウクライナ戦争から1年が経過します。

【2022年10月15日】カルデラ噴火と隕石

カルデラ噴火で1番可能性が高いのは九州の阿蘇山です。

阿蘇山のカルデラ噴火が起きた場合、2時間の火砕流で九州の全域を焼き尽くし、風向きにもよりますが、火山灰は東北まで届きます。

阿蘇山のカルデラ噴火が起きれば、東京で2㎝の火山灰が積もります。すると東京だけでなく日本すべてがマヒして稼働しなくなります。

私たちが隕石を使ってでもカルデラ噴火を抑えなくてはいけないと思った理由は、2022年1月トンガでの海底火山と小笠原諸島の海底火山「福徳岡ノ場」、この2つの海底火山つまり火山噴火が起きたことから時間がないと判断したからです。

トンガでの火山噴火は約9、700キロ離れたアラスカでも爆発音が聞こえています。

日本では姶良《あいら》カルデラから阿多《あた》カルデラ、加久藤《かくとう》カルデラに伸びるライン。また、えびの地区や221号線の下が揺れ動いているからです。

今回、手配してもらった隕石は1576年アルゼンチンで発見された『鉄隕石』です。なぜアルゼンチンを選んだかといえば日本から一番遠くに落ちたからです。

距離はとても大事な働きをします。

地震でも遠く離れると津波の影響も少なく済みます。

鉄隕石は惑星のもととなる小天体の核。つまりコアな物資だと考えられています。また現在の地球上では再現できない結晶構造でできていますからマグマの消化剤になってくれます。

海に投げるだけでなく、個人的に宇宙からの流れ星である隕石を持つと不思議な霊力が宿ると言われ、身につけると災難から身を守り、生命力が活性化します。また、体内の毒素を除け血液の循環にも効果的と現在では科学的にも証明されたものもあります。

さぁー、自分にできることを精一杯、やり抜きましょう!!
宇宙から来た隕石はあなたのそばまで届いて来ています。

【2022年10月15日】大国主命の審議
愛：10月16日に小川雅弘さんが来ない場合はどうなりますか?! 熱が39℃あるようです。
榎本神：小川雅弘氏に30億円の契約について大国主命が神々に結果報告をする日ですが、神々は半数も来ていません。

よって審議を執り行うといわれているようですが、審議は旧10月16日ではないでしょうか?!

愛：もし小川さんが明日来なかったらどうしたら良いですか?!

榎本神：明日来られないなら、にゃん太かゴン太に結果を聞きに来させても良いと思います。もしくは旧10月16日に来て、稲佐の浜の岩の前から大社の方を向けば結果は上空に貼り出されています。

私は榎本神の名で本日出てきて話をしていますが、別名を猿田彦大神と申します。アメリカで小川氏とお会いしましたから小川氏のことは存じ上げています。

しかし、明日の審議に上がるとは聞いていませんので、日にちのお間違いだと思います。２０１３年３月11日八百万の神と契約も済んでいますので、何の問題もないと思います。

あ、小川さんの審議書には問題点が書かれていますね。

愛さん気になるなら、そっと読んでみますか?!

愛：読んで良いなら読ませてください。

榎本神：私が身体をそらしますから読んでください。口には出さないで目で読んでくださいね。

小川雅弘氏の問題点

①小川雅弘氏は妖怪や精霊、ファミリーである霊獣たちへの働きかけが弱い。

②小川雅弘氏はファミリーである霊獣たちに指令を出さないため、霊獣たちは自らの任務が分からず単なる護衛しかできていない。

③妖怪は疫病や災害の発生時にはいち早く出向き防ぐ役割を担っていた。しかし小川雅弘氏は妖怪、精霊、霊獣に対し、目に見えない魔力の教育を怠っている。

④疫病や災害は妖怪や霊獣が果たすべき役割だった。しかし最近は科学に頼り過ぎて妖怪や霊獣の霊力が薄れている。

⑤祈祷、願掛け、祓いは妖怪や八百万の神の仕事だったはずだが、小川雅弘氏は優しさの

あまり威厳が薄れている。

⑥神は小川雅弘氏に陰陽師や物部式祓いまでしろとは言っていない。しかし術を使えばコロナウイルスは祓えるはず。消えるはずだが妖怪に祓いをさせていない。

⑦村中愛氏がコロナウイルスに感染した時、小川雅弘氏が祓うと神々は思って見ていた。しかし小川氏は手立ても手当もしなかった。結果今、小川氏と村中氏の間でコロナウイルスが蔓延している。

榎本神：愛さん、優しいだけでは人は救えない。

モーゼが何十万、何千万の人々を歩かせた道のりは半端ではない。病の時も空腹の時も奇跡を起こし続けた。

ただ神を信じ、神の言葉のままに行動した。

小川雅弘氏に誓約聖書を書かす神の願いがわかるだろうか。

霊獣や妖怪や精霊を使えないなら人は救えない。人を救えないなら地球は救えない。タイムリミットは来年3月沖縄で決まる。

小川氏も愛さんも許可するから、高知の仲間にも、他県の仲間にも、信頼できる人に頼んで調べろ。何の本でも良い。誰の口を使っても良いから教えてもらえ。妖怪や精霊や霊獣の動かし方を学べ。

時間がないからみんなで力を合わせて乗り切れ。

今なら間に合う、今ならまだ間に合う。

未来を変える誓約聖書を書いてもらえ！

美保神社
島根県松江市美保関町美保関608

神魂神社
島根県松江市大庭町563

出雲大社

島根県出雲市大社町杵築東195

佐太神社
島根県松江市鹿島町佐陀宮内73

田中神社
島根県松江市鹿島町佐陀宮内73

【2022年10月16日】五社参り
9月26日にメシアメジャーから「10月16日、出雲大社に行くなら三社参り（出雲大社、美保神社、神魂神社）を五社参り（出雲大社、美保神社、神魂神社、佐太神社、田中神社）に変更します」と言われる。

8：15　小川さんと五社参りに出発。
メシアメジャー指示で

①美保神社
②神魂神社
③出雲大社
④佐太神社
⑤田中神社

みほ　かもす　いずも　さだ　たなか
泉も棚田も定、咲かす

【2022年10月16日】美保神社
9：00　一つ目の美保神社に到着すると同時に太鼓の音。昨日まで雨だといわれていたのに雲一つない晴天。太鼓の音は長い時間鳴っていた。
小川さんが社殿改築の寄付をして金の鯛をもらう。

9：20　美保神社で『龍蛇族について調べなさい』と誰かに言われる。姿が見えず声だけ。もうすぐ神魂神社に着くと思ったら……、

9：50「審神者《さにわ》しながら行動しているか?!」とまた声が聞こえる。振り向くと昨夜の榎本神（猿田彦大神）が車に乗っていた。

榎本神は甘い物が好きなようで、「これは小川さんが高知から持ってきた物なのか?!　一つご所望したい」と言うので白花栴檀を1個あげました。昨夜も「この菓子をご所望したい。美味じゃ」と言い、お菓子をほしがったのは二度目だった。

【2022年10月16日】神魂《かもす》神社

神魂神社は日本最古の大社作りで、さまざまな神さまを生んだ創造神がいるといわれてると聞いた。神社が近いのか空間が歪《ゆが》んで見え頭痛がする。神社の領域に入る前から強烈なエネルギーを感じ、古くて威厳があると思った。

参道の階段を上がろうと思うが高くて上がれない。すると後から男性に声をかけられた。「女坂があります。階段がないので楽ですよ」と言われ女坂に登っていくと左下に池が見える。池の中が真っ黒でゴヨゴヨ動く物がいる。死んだ海蛇がたくさんいる。

またもや太鼓が鳴り出した。女性神官が鈴を鳴らしながら祝詞を上げ始めた。（卑弥呼あげる祝詞に似ている）

帰ろうとすると猿田彦大神が「見ていけ、木のエネルギーを回す方法を教える」と言って呼び止められた。

【2022年10月16日】木のエネルギーを使って

木のエネルギーを使って身体を浄化する方法。

《男性のやり方》

①神さまに一礼する（神殿方角に向いて）

②木に一礼する。

③木に両手をつける
④木に両手とひたいをつける（メガネが当たる人はほほをつける）3点を木につける。
⑤ひたいを木から外し、左手を木の上に上げ、右手を木の横にまく。
ほほを木につけても良い（男性）
⑥両手を木から離して一歩後ろに下がる。
⑦木に一礼をする
⑧神殿に向いて一礼をして終わる。

《女性のやり方》
①神さまに一礼する（神殿方角に向いて）
②木に一礼する。
③木に両手をつける
④木に両手とひたいをつける（メガネが当たる人はほほをつける）3点を木につける。
⑤ひたいを木から外す。左手を木の上に上げ、右手は木の下に下ろす。ヒザを曲げ木に当てる。
ひたいを木につける（5カ所つける）

⑥ヒザを木から離す。ひたいを離す。
手を離す。一歩後ろに下がる。
⑦木に一礼をする。
⑧神殿に向いて一礼をして終わる。

木を触ることで人の病は木が吸収し、木の先端から氣を放出する。

特にヒザを木につけることで子宮や膀胱など下の病気には効果的。不意妊娠（襲われた、不意の出産）は心と身体を癒す。


木（氣）のエネルギーをもらう時は、大きな木を選び、手を回して両手がつながる小さな木は使用しない。

池に小川さんが水晶玉を投げると波紋が消えない。池岸にあたると波紋が戻ってきて新たな波紋ができる。神魂神社では海蛇は祀っていないが人間の落としていった心の病いや妬み、苦しみが全てここの池に集まっている。

【2022年10月16日】出雲大社

駐車場がいっぱいで車が入れない。

すると榎本神が車から降りて、駐車場一台分のスペースを開けてくれた。

じっと見ていると、土地を広げた。人間技ではできない。


神殿にお参りして帰る途中、晴天なのに雨水が一滴落ちてきた。

雨かと思って空を見ると……、
11：30　大国主命が泣いています。

人を救えん。人が救われなくなった。

「お金がない、病気になった」と神にいい上げばかり言う。「娘がワクチン接種から足が立たなくなった。2度と歩けないのか、元気に学校へ行けないのか……娘を助けてください。

私たちを救ってください」と先日泣いて頼みに来た人がいた。長い間、泣いていた。

「私では、私たちでは救えん。申し訳ない」と謝った。


昔は誰でも救えた、私たちの所に来て話すことは良いことばかり話して帰った。帰る時、ちょっと曲がった心は私たちの魔力や霊力を使って変化させ帰した。

しかし、今は悩みが多様化して、心の病を治す魔力や霊力も消えてしもうた。私たちの力（霊力、魔力、神力）が消えたのではなく、人間の欲望が多種多様化しすぎて感謝の思いや歓喜の思いや畏敬の思いが消えてなくなり、叶わない願いは全て神のせいだという。

私たちの霊力、魔力、神力は人間の念で消されつつある。

小川さんにコロナの予防で白いキノコを食べなさいと伝えてください。コロナに感染した人にキノコを食べなさいと伝えてください。菌（コロナ菌）は菌を持って制する。今日はご参拝くださってありがとうと伝えてください。

愛：キノコですか⁉

大：菌は菌を持って制す。白の菌（キノコ）を食べなさい。樹を見てごらん。白いキノコがたくさんあるじゃろ。ここのキノコは食べられんが木（氣）にキノコで証明する。写真を撮って帰られよ。愛さんには松の枝を集めているから持って帰り来年の染めに使ってください。

半分はお茶にして飲んでも良いから有効に使いなさい。

と、言ってから大国主命は上空高く舞い上がって行きました。

【佐田神社】
佐田神社が遠くに見えました。古い神社なのに、神々しい。天皇がお住まいになっているのではないかと思うほど神々しい。

駐車場が広いので神殿近くに車を止めようとすると「鳥居を通って本殿に入られよ」といわれたので車を鳥居近くに止め直してくれました。

すると再び、猿田彦大神が話し始めました。

「佐田神社、佐太神社と書く人が多くいますが、この字は間違っています。正しい字は『佐陀神社』です。出雲全体の神事はここで執り行われます。

もちろん海蛇の神事です。

出雲大社に集まる神々も必ずこの地に戻り、数日間留まりその後出雲大社に行かれます。

また出雲大社からお帰りの際も全ての神さまが立ち寄られてからそれぞれの場所に戻って行かれます。

ここでの私の役割は『導きと道開き』です。水難事故、海上での災い、台風、海底火山など水や海に関して困ったことがあれば私に言いなさい。

この石に手を触れていきなさい。この石に手を置けば田中神社に祀られる縁結びと縁切りの両方の力を授けてもらえます」

堀内さんにも話があります。

「大きな心で皆に接しなさいと伝えてください。高知の人をまとめて小川さんや愛さんのサポートをしてください。これから先、役割があることは本人もわかっています。しかしここ1カ月間足踏みばかりしています。人のために動かないときは家庭に問題や心配事が起きます。

人のために動いていると家庭に問題や心配事は起きません。どっちが楽か賢い人だからすぐわかるはずです。頼まれた仕事は3日以内に済ませないと次の問題が起きます。早く、素早く解決していくことが大事です。堀内さんだけでなく皆さまにも言えることです」

13：00「小川雅弘氏に渡しなさい」と言われた。しかし何も渡すものはなかった。

するとと佐陀神社の正殿の床下で何か小さな光が見えました。その光は回路を通って、少し黄色く光る小さな物が上がってきました。その小さな光る物は賽銭箱の下から上がってきて、縁《ふち》で止まりました。

よく見ると古い５円玉でした。

猿田彦大神はまた同じ言葉を言いました。

「小川雅弘氏に渡しなさい。ご神縁が、五円とつながります。この五円玉は使わず置いておきなさい。ご神縁はたくさん使ってこれからのこと成し遂げなさい」と言われました。

12：55　9月4日に亡くなった日高晴子さんが、

空から降りて来て、笑いながら『小川さん、愛さん、一緒に行こうと思って降りて来ましたぁ〜』って言いながら小川さんの後ろを付いて歩いています。

【2022年10月16日】田中神社

歩いて田中神社に向かいました。

小さな祠が背を向けて立っていました。
小川さんがお参りしている時、私はだいたい一緒にお参りはせず待っています。
すると、猿田彦大神が「ここでは同時にお参りしてはいけません。縁結びと縁切りの力が同時に動きます」と言われお互いがお参りをする時は待っていました。
お祈りしている時「紅白の南天を写して帰りなさい。まだ赤の実が真っ赤ではないですが〝南天は難を転じる〟という意味ですから来年の２０２３年の携帯待ち受けには南天を入れて難を転じなさい。難を除けなさい」と言われました。
田中神社の参拝を終え、車に行こうと歩いていると、
大きな声で、みんなの神々に聞こえるように
13：55　猿田彦大神が「大国主命よ、私は小川雅弘氏と村中愛氏と半日共に過ごし神社を回って来ました。

審議不用!!

大国主命が神々に見せるために出した書類、私の責任の元に通す。審議は不用とする。皆のもの（神）も、金を出してあげなさい。出雲に集う神々よ、皆も持っている金をこの者たちにあげなさい」と言うと大きな印をバンと押して空中に投げると出雲市の空に高々と神との契約書が上がりました。

その契約書を見て頷きながら何度もうなずいた後、猿田彦大神は天空に昇っていかれました。

【2022年10月16日】来年は南天

2023年は大きな災害、想像できない出来事が起きそうです。
その難を逃れるためにも2022年11月28日から2023年12月31日まで携帯電話の待ち受け画面には南天を入れなさい。南天で難を逃れましょう。
2022年の金木犀《きんもくせい》から、2023年は南天に変わります。

この南天は佐太神社北殿　田中神社の悪縁切りと良縁結びの南天です。

【2022年10月18日】病と災いを除ける符

キツネ型の意味

古くからキツネは田畑を荒らすネズミやモグラを捕らえることから山の神・田畑の神と称えられるようになり、キツネの花嫁が通ると雨が降るといわれ重宝されている動物がキツネです。

また、毛は黄金に光ることから稲穂の色、尻尾は稲穂の形をして大きく垂れることから豊穣として人々に喜ばれてきました。

また、白キツネは高貴さを表し闇を照らす光ともいわれています。

キツネは夕暮れから動き、身近な情報は精霊から聴き、霊界や神界や人間界を自由に行き来することから、千年間生きたキツネを「天狐」と呼ばれるようになります。

キツネは動物の中でも特に知恵と賢さを持っていて、天敵に悟られないように陸や岩場や川も斜めに横切ることができ、３６０度回りながら観察しながら歩くこともできます。

常に鋭い洞察力と記憶力を持ち同じ過ちを繰り返すことがありません。

地場や磁気を読み取り、第六感を持つ動物であり、危険が迫ると姿と気配も消す事ができることからキツネを「神獣」と考えています。

病や災害を祓う生きもの、魔を祓う生きものとして動物の中で1番多方面に優れていることから「病と災いを除ける符」にキツネ型を使用することにしました。

【2022年10月18日】火の鳥　トキ

愛さんはスタッフ2人がコロナ陽性になり10日間も足止めをさせられ同じ神社に何度も参拝しました。

出雲大社1回、美保神社4回、神魂神社1回、佐太神社2回、田中神社2回です。

松江の字を変えると末永《まつえ》と書きます。末永《まつえ》は末永《すえなが》との意味が込められています。

15日　小川さんと愛さんが打ち合わせしたのは鳥取市米子で　まさしくゲゲゲの鬼太郎のふるさとです。

妖怪・霊獣・精霊・八百万の神々まで味方してくれなければ人も地球も生き延びていけません。

五色沼に霊獣たちを迎えに行き、あれからちょうど1年が経過しました。１３３年もふ化するのを待っていた鳥も今では「火の鳥」トキになっています。

【２０２２年10月20日】隕石を手にとって　①

隕石を手にとって見る人は少しの人だけです。

隕石を手に持って海に投げに行く人は、世界中探してもほとんどいません。

世界の中で少数のあなたは心優しい奇特な人です。

【2022年10月20日】隕石を手にとって ②
このメッセージは皆さまに向けて発信したものです。
108人集めるのは大変です。
たくさんの人が隕石をもって九州や沖縄に行きます。「私も隕石が欲しい」、「沖縄には行けないが地域の海に投げたい」、「水晶を海岸に埋設したい」と言ってくれます。たくさんの人が日本を駆け巡るから大丈夫と村中愛さんに話してあげました。

しかし、
北朝鮮が飛ばすテポドンからはじまり、新型単距離弾道ミサイルまで、日本海側をしっかり守らなければ日本は残りません。北朝鮮が飛ばしている新型単距離弾道ミサイルは決して失敗で日本海に落ちているのではないのです。

【2022年10月22日】天皇陛下の沖縄
今日、天皇皇后両陛下が沖縄を訪問されます。

今年は沖縄が日本に本土復帰して50年です。

50年しか経っていないのにまだ戦争の匂いがします。

だから、だからこそ、両陛下は沖縄戦最後の激戦地の糸満市に入り祈られたのです。

世の中、大きな戦いから80年すると痛みや苦しみを忘れ、同じことを繰り返すと言われています。

終戦の昭和20年から今年で77年目です。近隣国の戦争、日本の円安、食糧の高騰、どれも問題は大きい。


『戦後80年』は、まもなくやってくる。

【2022年10月26日】真っ白な紙のアートか
8：30
「風呂にいれなさい」とメシアメジャーに言われ〝サヌカイトの金山に行くので身を清めな

さい〟と言われたのかと思いお風呂の準備をしていると、

「あなたではない。金山の石仏を洗ってきれいにしてあげなさい」という意味でした。

続いて

メシアメジャーが
「石仏の身体を洗ってあげなさい。

水を3リットル、タワシ、タオルを持って行き、きれいに洗ってあげなさい。

きれいになったら赤色の前掛けと肩掛けと帽子をかぶせてあげなさい。

そのあと、井戸にペットボトルの水を入れてあげなさい。崇徳天皇の死後、1カ月間も浸かっていたといわれるお堀にも水を入れてあげなさい。


薬師瑠璃光如来が今日の現状を見て何を話すか楽しみですね」と言われました。

8：30

私は3柱の女神に呼ばれて、初めてサヌカイトの金山に登ってから今年で38年目になります。

まだ、メシアメジャーからメッセージを受け取る前でした。

その後、2017年に小川さんがサヌカイトの金山を前の持ち主から譲り受け、再びご縁が強くなった山といえます。そして今年の8月からは毎月のように通い、30回から40回以上は訪れていると思います。

その金山に行くと…、

今日は、アートというのでしょうか?!

不思議なものがありました。白い紙で作った風車《かざぐるま》があり、地面にさしています。

瑠璃光寺の前には風車と同じく真っ白な紙で作った和服姿の新郎新婦像が4対（8体）あります。瑠璃光寺の板の間には同じく白い紙で作った6匹のネズミがいました。

私たち3人は、各々がアートの立看板の解説文を読みましたが、誰一人新郎新婦像の前で、記念写真を撮ろうとは言いませんでした。

それほど、静寂な場所には不釣り合いのものでした。

石仏にかかっていた布を除けると布が石にくっついて赤く染まっていました。

そして小川さんが丁寧に石仏に水をかけ、タワシで洗っていると「我が衣の上に着せる者あれど、我を洗う者なし。春の若葉から秋の紅葉と何度葉が変われども、我が衣は変わることがない」と言いながら石仏は満足そうにたたずんでいました。

タワシで身体を洗ったあと、水をかけ、新品のタオルで拭いてもらったあとの顔は嬉しそうに笑っていました。

肩に布がなくなったので「次回は肩掛けを持ってきます」と言うと静かにうなずいた。

「時間がないので前の掃除はよい、早く行かれよ」と言って追い出されたが実に清々しい。

22：18

夜、自宅の部屋でパソコンを打っているとおじいさんのメシアメジャーが話はじめました。


「ゲゲゲの鬼太郎も驚くだろ⁉

水木しげる氏の世界もアートなんだろうか?!

それとも仮想世界なんだろうか?!

水木しげる氏の描くネズミ男は主人公の鬼太郎の悪友である。

悪友は最高の良き理解者である。


水木しげる氏の妖怪は、人間と妖怪の間に生まれた半妖怪だから行動パターンが決まっていない。善に進むように見せ、悪に走る時もある。善悪の境のないトリック（空間）を行き来するから面白い。

妖怪は本当に現実世界にいるのだろうか……。

人間は本当に現実世界にいるのだろうか……と皆に問いかけてみたい」


【2022年10月27日】北朝鮮の弾道ミサイル

たくさんの人が隕石を持って九州や沖縄に行きます。「私も隕石が欲しい、沖縄には行けないが地域の海に隕石を投げたい」「水晶を海岸に埋設したい」と言ってくれます。また日本海に隕石を投石に行きたいとたくさんの人が日本を駆け巡るから大丈夫です。今回使う隕石は鉄隕石ですから磁気を変えることができます。隕石の力で作動を阻止します。

怖いのは地震や海底火山だけではありません。

北朝鮮が飛ばすテポドンからはじまり、新型単距離弾道ミサイルは日本海の海にたくさん落ちています。地球を抑える〝究極の陣地〟は宇宙にあります。宇宙から強い軍事レーザー兵器を発せられたら海底のミサイルが反応します。中国も国家戦略で2025年までに中国製造の宇宙ステーションを作ると公言していますし、食料から始まり先端技術も自国で70%を目指しています。

すでに衛星破壊実験も量子通信衛星も打ち上がっています。そんな中国や北朝鮮、ロシアや韓国の隣国に位置する日本は、何を持って自国を守るのでしょう。シェルターもありません。

しっかり守らなければ日本は残らなくなります。隕石を海に投げることは大事です。

北朝鮮がミサイルを打った数〘日本、防衛省の資料〙

金正日《きむじょんいる》の体制

1993年……1発
1998年……1発
2006年……7発
2009年……8発

合計17本

金正恩《きむじょんうん》の体制

2012年……2発
2014年……11発
2015年……2発
2016年……23発
2017年……17発
2019年……25発

２０２０年……８発
２０２１年……２発
２０２２年……41発　　合計１３１発

ＫＮ－23は６００㎞飛んだので韓国の海域に届きました。

ノドンは１、３００㎞飛んだので日本の海域に届きました。

２０１６年と２０１７年の火星12は５、０００㎞飛んだのでグアムの海域に届きました。

２０１７年の火星15は１３、０００㎞飛んだのでアメリカ本土近くに届きました。


【２０２２年10月28日】敗戦後の援助金

昭和21（１９４６）年から昭和26（１９５１）年の６年間、日本は戦争と敗戦からの復興でアメリカから無償の援助を受けました。その金額は９・５兆円で莫大な援助でした。

この援助を受けなければ戦争に負けた日本は復興の目処がたたなかったのか否かは少し横におきます。

『援助』という言葉の聞こえは良いですが、裏を返せばアメリカの言いなりになるということでした。

その当時のアメリカは生産過剰で小麦粉と脱脂粉乳が大量に余っていました。

戦争に負けた日本人に巧みな話術で日本の『米』の主食をパンに変え洋風化に成功しました。

つまり、昭和21年末から全国各地で小学生の学校給食を実施させて、食生活をパンと脱脂粉乳にすることで日本の食文化の将来を米から小麦粉に変えたのです。

アメリカから送られてくる低品質の小麦粉を、最高の食べ物として販売していく日本政府でしたから、食品添加物の検査も他国とは比較できないほどゆるい日本になりました。

また、表向きの援助金『9・5兆円』は、その後『見返り援助金』と名を変え、アメリカ指定の企業や銀行の言いなりにさせ、影から日本を操作するための援助金に変わりました。

戦後10年の昭和39年に東京オリンピックの開催、昭和45年の大阪万国博の開催も敗戦を忘れさす為のマインドコントロールでした。

【２０２２年10月30日】円安とドル高

２０２２年10月14日１ドル１４８円を記録しました。その後１ドル１５０円になりました。

１９９０年８月から、32年ぶりの円安です。今年の春から見ても30円も下落しました。

日本では自国生産はほとんどなく、すべて輸入に頼っています。輸入に頼るしかない原材料もますます高くなります。物価高になるのは単なるガソリンや電力だけではありません。食料品や生活用品、全てにおいて値上がりしていきます。

値上がりはロシアとウクライナの戦いが終戦すれば、また持ち直すだろうと考えている人は、頭を切り替えなくてはなりません。

アメリカドルが高値になった理由は、コロナ問題からはじまり、ロシアとウクライナの戦争で世界的な危機が訪れたといえます。危機を察した世界中にいる資産家がドル買いに走ったからです。

アメリカのＦＲＢ（連邦準備制度理事会）が中央銀行と話し合いアメリカの物価高対策として金利を引き上げました。しかし、日本の日銀は、金利を下げたまま金融緩和を続けていますから、金利の高い米ドルを買い、金利の安い日本円を売っていますので、ますます円が暴落します。

日銀は円売りを阻止しようと2度、3度と為替介入をしましたが焼石に水をかけるようなもので1日として持ちません。

過去最大の為替介入も失敗しました。

【2022年10月31日】妖怪選手権（村中愛が聞いた話）

霊獣のモコッコと世策が「妖怪を集めて『日本都道府県、妖怪選手権』をするから、お父ちゃんに47都道府県別に妖怪の名前と能力を11月6日までに調べてほしいと伝えて」と言ってきました。

世策は「愛さんも妖怪を見に行こうよ、隠岐に行こうよ。お父ちゃんも杵もちさんも行くよ」と何度も声をかけてくれましたが、隠岐に行こうと思えなかった。行きたい場所が隠岐と少し違っていたのです。

さてさて、どんな運びになりますやら……。

【2022年11月1日】11月は甘えて

〝人に素直に甘えられない〟人がいます。『甘える』という事は『弱さ』をみせると、思っている人がいます。

しかし、甘える本当の意味は『素直に自分の存在を表現する』ということです。

家族や友達にも11月は意識して『甘える』『自分が思う心を素直に言葉に出して言う』ことが大事です。

『人に頼ることが苦手』

『自己表現が下手』
『弱さをみせたくない』と、思っている人は、
11月は少し頑張って『甘え』てみましょう。

甘えるときのポイント
○『甘える』と『お願い』は違う
○甘えることで自分が素直になる
○シンプルに表現する

＊『甘える』と双方が喜び、楽しい
＊『お願い』は自分の利になる

違いを理解して、素直に甘えてみましょう。

【2022年11月1日】だれかが歩いている音（村中愛が見た話）

21時頃から、普段にない音が家の中でします。

だれかが歩いている音……、四つ足⁈　二本足⁈

お風呂のお湯も海のように波が立ちます。ちょっと怖くなり急いでお風呂から上がって、1階の部屋の電気を全部つけてみましたが誰もいません。

しかし、小さな30センチ程の黒い蛇が霊堂で見えたので『シィ!!』と言って窓から外に追い出しました。

選手権に出たい妖怪⁉　家に来たのか……家に来るなんて……、ちょっと気になります。

【2022年11月1日】やはり行こう……境港へ（村中愛の思い）
地震回避のため、3月までに沖縄と九州に行かなくてはいけない……。
水晶龍を全国に置いてもらわないといけない……。
でも、いまは境港の水木しげる記念館に行かなくてはいけないような気がする。

【2022年11月7日】猿田彦大神の言葉から（村中愛の思い）①

2022年10月17日から20日間ほど、佐太神社において猿田彦大神に伝えられたことを真剣に考えていました。

モーゼが何十万、何千万の人々を歩かせた道のりは半端ではない。病の時も空腹の時も奇跡を起こし続けた。

ただ神を信じ、神の言葉のままに行動した。

霊獣や妖怪や精霊を使えないなら人は救えない。人を救えないなら地球は救えない。タイムリミットは来年3月の沖縄で決まる。

小川氏も愛さんも許可するから、高知の仲間にも、他県の仲間にも、信頼できる人に頼んで調べろ。

何の本でも良い。

誰の口を使っても良いから教えてもらえ。妖怪や精霊や霊獣の動かし方を学べ。

時間がないからみんなで力を合わせて乗り切れ。

今なら間に合う、今ならまだ間に合う。
未来を変える誓約聖書を小川雅弘氏に書いてもらえ！
また猿田彦大神から見せてもらった小川さんの審議書に書かれていた7つの問題点。
この文章の意味を毎日考えました。

猿田彦大神は、小川さんに対し、霊獣や妖怪や精霊、八百万の神までも使いなさいと言われる。
神の力が弱ったことなど……。

考えれば考えるほど、深みにはまっていき、考えがまとまらなかった。

妖怪か！
妖怪について一番説明が出来るのは、ゲゲゲの水木しげるさんだろう。
あの方しかいない。

そう！　水木さんの妖怪資料館に行ってみようと決心しました。

資料館まで行って、水木しげるさんが現れてくれないならそれまでです。水木しげる記念館でお会いできたら必ず妖怪について話をしてくれるはず、私にもメッセージをくれると思いました。

会いに行こうと決心をして、11月1日に岡山行きのバスのチケットを買いに行きました。しかし、コロナでバスに乗る人が減ったからとの理由で欠便になっていました。

それなら、電車にしようと決めて切り替えました。岡山に着いたあとは、この日に隠岐に行くという岡山の知人に頼んで、便乗させてもらうことにしました。

昨日、小川さんに『水木しげる記念館』に行くと伝えると、同じ日に小川さんも隠岐に行くと言いました。

同じ日、同じく境港に行くなら車に乗せて行ってほしいと頼みました。時間や交通費のことを考えて頼みましたが……、普段なら1つ返事で良い返事をくれるのに、「今回は電車で行きや」と言い、乗せてくれるとは言ってもらえませんでした。

電車と車に乗って、移動中に一度だけメシアメジャーが話しかけてきました。

「白いユリの花が1本だけ咲いていたらイエスキリストが隠岐に来た証、証明です。日本の始まりは隠岐にあると言っても過言ではない。ユリの花を探しなさい。ユリの花を見つけて、隠岐《おき》から沖縄《おきなわ》の海底トラフ、地震層をつなぐトラフを外して行きなさい」と言われました。

なぜ、隠岐とイエスキリストが関係しているのでしょうか……。白いユリの花の意味はなんだろう。

ユリは夏の花だから、11月に咲く？　時期が違うのに……、1本の　白いユリの花　もっと話が複雑になりました。

【2022年11月7日】水木しげるさん（村中愛の思い）②

朝、6時20分に家を出て、7時発の岡山行き南風に乗りました。

岡山からは知人の車に乗せていただきました。

9：40

「小川さんが隠岐に入ったから僕（妖怪）が生まれた」と、言いながら丸い小さな妖怪が知人の車に乗ってきました。

小さな妖怪は、「小川さんは僕が生まれたことに気づかないので愛さん、小川さんに伝えて」と言います。

小川さんが初めて生み出した妖怪
おきぎ
静電気が消える！
きなこばばあ
元気になる！
色は真っ黒（飛ぶ時）
飛べる
2本足が時々出る
危険な場面で助けてくれる
『靴跡《くつあと》』
小川さんの靴跡から生まれた妖怪

「あなた、お名前はあるの？」と聞くと、

「僕は小川さんが隠岐に入ったことで生まれたから、モコッコの子どもの来夢が『おきぎ』って名前をつけてくれたよ」

枯葉を2枚持って振ると静電気が起き、おきぎが身体に触ると静電気が消える。

『小川さんの国生み（妖怪生み）が始まった』と霊獣たちが喜んでいます。

続いて、『私はきなこばばあだよ』と名乗って、きな粉だらけの妖怪も出てきました。

なぜ、小川さんが隠岐に行ったことで妖怪が生まれるのか意味がわかりません。小川さんが歩いた地面からも、土でできた靴跡型《くつあとかた》の妖怪の子どもが生まれています。話すと終わらないので妖怪の話は一旦保留にします。

昼食を食べた場所から歩いて10分で水木しげる記念館に到着しました。

キャリーバックをコインロッカーに入れようとロッカーのドアを開けると、返却口からコロンと100円玉が出てきました。

100円玉を取りながら、根拠はないけど近くに妖怪がいる、水木しげるさんもいると確信をしました。

入館してすぐ、携帯電話のカメラのシャッターが動かなくなったので、カメラに納めず目の中に記憶していこうと決めました。

館内を歩いていると、『のんのんばぁ』と書いてあるブック風の飾りがあり、見ていると後ろに人の気配を感じました。

私は振り向かず、ジッとののんのんばぁのブックを見ていると静かな口調で「小川さんにとっての、ののんのんばぁは、愛さん、あなたですね」と声がしました。

まだ振り向かずジッと前を見ていると、

「小川さんも私も口の側にほくろがある。口の側にほくろがある人は話がうまい。

人の心を響かす言葉が口から出てくる。食べる物にも事欠かないとののんのんばぁから教えてもらった。確かに戦時中でも何かにつけ食べられた。

ののんのんばぁは、額にほくろがある人は賢い。鼻の側にほくろがある人は鼻がきく。人を見る目があると教えてくれた」と独り言のように水木先生が話しはじめました。

水木先生が話すと、壁に漫画が出てきて、アニメのような動画になって映し出されました。まるでテレビを見ているかのように鮮明にビジョンが見えてきます。

のんのん
話題ごとに
カベの絵が
変わって写し
だされる
鼻の横にほくろが
ある人は鼻が利く
(人間性を見抜く)
額にほくろが
ある人は
賢い
口元に
ほくろのある人は
口が上手いん
だよ
水木しげる

水木先生の気配が消えたので館内を見ていると高知からきた霊獣たちが話に来てくれました。

小川さんの霊獣が全員揃っていて、9時から始まった選手権の事を口々に話してくれました。

選手権の開催は11月7日の9時から9日の19時まで。

水木しげる記念館（境港）からスタートして、隠岐の水若酢神社に行き、島の中にある1、000カ所以上の神社や社や祠、自然木や自然川に皆（八百万の神）が住む聖なる場所を回ります。

その聖なる場所の前に立つと火が見えるので、

火にスタンプラリーの紙をかざすと文字が出てくる。

そのスタンプを1番早く1、315枚集めた者から沖縄について

行ける権利をもらえる。

隠岐までの行き方は自由で、2匹、3匹とグループになって行っても良い。個人でも良い。しかし力を結束してみんなで頑張ることが今回の目的です。

空を飛べないものは背中に乗せてもらう。陸を走るのが早いものは陸に上がってスタンプ場所を探してくる。海を泳ぐ者は泳いで探してくる。

力を合わせないと何もできないように仕組まれている。
「単体ではできなくても力を合わすことが今回の目的みたいだよ」と幸助が最終的に話をまとめてくれました。

霊視すると、毛がもじゃもじゃの雪男のような妖怪が隠岐を指さし、海水が一瞬で氷になるのが見えました。雪男が氷の上を歩いて渡ると、小さなネズミのよ

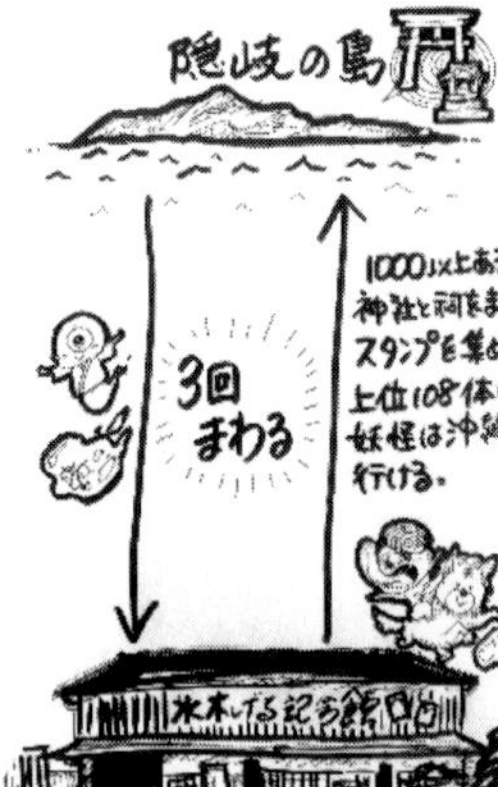

うな妖怪が木のこずちで氷を割って、次の人が海を歩いて渡れないようにしていた。また、「疲れたねぇ」と言いながら水木しげる記念館の庭でお茶を飲んでいる妖怪グループもいてすごく楽しかった。

霊獣は、妖怪よりも位が高くてみんなを守る。
妖怪は戦う武器を持つが、
霊獣は武器を持たず、保護に回っていることがわかった。

【2022年11月7日】水木しげる語録のギャラリー（村中愛の思い）③

再び、館内を見て歩いていると『水木しげる語録のギャラリー』に目が止まりました。
私は一つひとつをゆっくり読みました。

○　妖怪というのはね　くだらんものを
一生懸命見る　努力して見えないものを

無理やり見るという　ことなんです。

すごく、深い意味の言葉でした。

愛：メシアメジャーも同じで、メッセージの意味がわからなくて、つまらんと思うことがあります

それでもやめずに一生懸命メッセージを打ち続ける努力をして、見えないものを見えるまでやり通す

〇忙しさから　逃げたいと　いう人は

ニセ者ですよ　忙しく　なりたくて

始めた　わけですから

愛：そうだよね　忙しさから　逃げたいという人は　ニセ者だよね……、私も逃げていたかもしれない

忙しくてもやりたいから　始めたんだよ、ほんとは

◯日本の妖怪は　誰にも知られず
　感謝もされないけど　人知れず
　大切なものを　守っているんです

愛：うん、うん、わかる、わかるよ
水木先生　妖怪って自然も人も守ってくれているよね
と、一語一句　読みながらうなずいていたら、水木先生が再び現れてくださり話してくれました。

水木先生：「愛さん、妖怪はどこにもかしこにもいるんだよ。
心の中にも、心の外にも、目の前にも。

私は、〝馬鹿だ、気持ちが悪い、なんで妖怪なんかを書くんだ〟って言われ続けてきた。
しかし書くことを私は辞めなかった。

目に見えるものと目に見えないものがこの世にあって、目に見えないものが、ほとんどの世界を占めているが、生きている皆は、目に見えるものしか信じない。

妖怪から見たら、見えないものが全てなんだよね。
愛さん、描き続けるのだよ。パソコン打ち続けるんだよ。
死ぬまでやり通すんですよ。
誰も信じなくても　自分が自分を信じるんです。
信じてやり続けたら必ず結果が出る。

愛さんの書いたメッセージを、〝映画化させてください、アニメにさせてください〟とプロダクションが言ってくるまでやり続ける。

私は全ての妖怪を主人公にしてあげたくて、妖怪を産み続けてきた。

小川さん、日本には千体以上の種類の妖怪がいます。

名前をつけて、身長や体重も役割もつけてあげてください。使役すればみんな動いてくれます。

常識という垣根を取り払えば世界はまるで違う面白い世界に変わります。

千体の妖怪や霊獣を生み続けてください、千体を超えたなら勝手に妖怪たちが動いてくれます。

妖怪たちが新しい世の中を作り直してくれます。


考えれば、私たちが妖怪や霊獣たちの世界にお邪魔している。

私たち人間が妖怪の住む世界に間借りさせてもらっている。

私は冒険家　あと30年　命があったなら　もっと楽しい世界を見てこられたと思う。もっと見せてあげたかった。

私は妖怪と歩きながら　妖怪の超能力を見てきました。

目にも鼻にも口にも体内すべてに力が充満していました。

あと千体、妖怪が生まれたら
地球は素晴らしいパラレルワールドになる」と大きな声で話してくれました。

【2022年11月7日】水木しげるさん（村中愛の思い）④

私は、水木しげる記念館に行き、先生にお会いしました。

水木先生から
途中でやめないで死ぬまでメッセージを打ちなさい、と言われました。

メッセージが映画化や漫画化されるまで書き続けなさい、と言われました。

記念館ができて、ロード（道）に霊獣の像ができるまでやりなさい。〝我が社で像を作らせてください〟と頼みに来るまでやめないでやりなさいと、言われました。

片手で漫画を書く……、簡単ではなかったはずです。

でも、どの写真を見ても、どのビジョンでも水木先生は笑っていました。

水木先生のお顔は今も自信に満ちていました。

水木しげる記念館を出て駅まで歩いていると、そばには妖怪がたくさん出てきており、隠岐島が遠いとつぶやくものもいれば、一緒に歩いてくださる水木しげる先生の肩でじゃれ合う妖怪もいます。

そんな妖怪を楽しそうに見ている水木先生。

駅まで送ってくださったあとに一礼されると、空に昇って

隠岐の方に向かって行かれました。

米子駅まで電車に乗ると、電車にはすべてゲゲゲの鬼太郎や妖怪たちの絵がありました。

各駅停車の駅名もすべて妖怪たちの名称がつけられていました。

【2022年11月8日】佐陀神社参拝

米子から移動して、小川さんと杵もちさんと合流し、先月に続き3回目の参拝で佐陀神社に来ました。

先月の10月17日佐陀神社で猿田彦大神が「11月に入るとこの場所は神在月になる。神々が戻って来るので、小川さんに母儀人基社《はぎのひともとしゃ》に参るように伝えてください」と言われていたので1人で参拝に行ってもらいました。

階段の下でたくさんの神々が「今年も神迎祭での龍蛇はお出ましになられなかった。稲佐の浜にも日御崎海岸にも北浦海岸にも海蛇は上がらなかった。

出雲大社、日御崎神社、佐陀神社とも10数年前のものを使用している。海水温度が上がったせいか、潮の流れか、人の信心なのか、神の力が薄らいだのか……」と、神々がつぶやきました。

【2022年11月8日】田中神社参拝

田中神社の南天の木の写真を撮りに行くと、先に歩いていた小川さんが「田中神社の磐長姫のお社の前に1輪だけユリの花が咲いている」と言ってくれました。

イエスキリストがイスラエルから日本の隠岐に来た証、証明なのか……。確かに1本の白いユリが咲いていました。本当に生ユリか確かめるために触ると生花でした。

なぜメシアメジャーは、イエスキリストの花とされる「ユリの花を見つけて、隠岐《おき》から沖縄《おきなわ》の海底トラフ、地震層をつなぐトラフを外して行きなさい」と言ったのか、謎が深まります。

ユリの花を写真に撮っていると、

磐長姫が「堀内由美さんにウマブドウの枝を1本持って帰ってあげなさい。

永遠の命を吹きかけてあげましょう。皆の身体が元気であるように、新作の祓いのお茶（ウマブドウ）のパッケージに「磐長姫」の名前を入れなさい」と言われました。

【2022年11月9日】妖怪の選手権

妖怪の選手権は11月7日の9時から11月9日の19時で終わりました。

108体の妖怪を選ぶ予定でしたが、たくさん集まりすぎて、最後は数え切れないほどもみくちゃになってしまいました。

そこで、霊獣たちが相談し合って、全員で沖縄や九州に行くことに決まりました。

9日の選手権が終わるころ、宮古島に6、000年ほど住むモコッコのお父さんが突然出てきて言い始めました。

「地震は油断できません。今、地震を八百比丘尼《やおびくに》といわれる人魚が守っています。小川さんと愛さん、今から沖縄に飛んでください。聖なる水を汲みにきてください。

聖なる言葉を教えます」

と、言われたことに驚きました。

【2022年11月9日】捨てないで

『大根を半分　捨てないで』

1本買った大根を半分捨てないで
甘味を感じるのは上部。
おろし大根やサラダは上部。
煮物して煮崩れしない、美味しいのは上部。

少しの渋みや辛味を感じるのは下部。
水分が少ないのも下部。
酢ものや漬物にするなら下部。

1本買って半分すてないで！

『えのきの下部分　捨てないで』
えのきはどこで切る?!
根から4～5㎝のところで切るのはもったいない。
えのきは床（菌）の上（1センチ）で切ると栄養分がそのまま食べられる。
4～5㎝から下、捨てないで！

えのきの床は、トウモロコシの芯や海藻や米ぬかで床ができています。

栄養の元となるものが床にはいっているので、下の部分も捨てないで食べてください。


『ブロッコリーの芯と栄養素　捨てないで』

芯を捨てないで、スライスして一緒に茹でます。


ブロッコリーはお湯に塩を一掴み入れて、沸騰してから小房にしたブロッコリーを入れて2分30秒。

ザルにあげて、くきを持って軽く2~3回振って終わり。

『水にさらさないで』水に栄養素が流れ出ます。　捨てないで！


『キャベツの芯　捨てないで』

キャベツの芯は葉っぱよりも1・5倍の食物繊維が含まれている。

キャベツの芯　捨てないで！


『大根、ニンジン、カブの根元　捨てないで』

大根、人参、カブなど根や葉を食べる野菜は、根の切り方で数回食べられます。くきは1センチ残し、根は3センチ残して切ります。

根の部分を水につけておけば、葉が出てきます。葉は何度も出てきますから料理の添えに使えます。

野菜の根元　捨てないで！


『ネギの根　捨てないで』

ネギは根元から3～5センチ上を切ればいい。土に埋めても水栽培でも何度でも葉が出てきて食べられる。

根付きのネギの根　捨てないで！


『白ネギの緑　捨てないで』

白ネギの緑の部分、食べられます。肉と一緒に調理をすれば臭み取りにもなります。

納豆と交ぜても絶品。ネギは水溶性なので長時間に水に浸けてはダメ。

緑の部分は殺菌効果もあり、アリシン、ビタミンC・B群も豊富で煮ても生でも栄養素を摂取できる。白ネギの緑の葉　捨てないで！

『白菜の黒い点　捨てないで』
白い白菜に黒い点々。黒い点は病気？　カビ？と思って捨てないで。
黒い点はポリフェノールです。
ポリフェノールは植物特有の成分で血圧を降下、殺菌作用に効果的。
白菜の黒い点々はそのまま摂取します。　捨てないで！

【2022年11月10日】旬の野菜
野菜を美味しく食べられる時期のことを『旬』といいます。旬の野菜は単なる食べ物ではなくおいしさとともに栄養素が最も増えていることを意味します。

春野菜（色が薄く薄黄緑）
キャベツ、セロリ、えんどう豆、おたふく豆、アスパラガス、クレソン、タケノコ、スナップえんどう

夏野菜（色が濃く緑や赤の色が強い）

トマト、きゅうり、レタス、ピーマン、ナス、トウモロコシ、カボチャ、ゴーヤ、ズッキーニ

秋野菜（色が枯葉色で茶色）
人参、さつまいも、玉ねぎ、じゃがいも、松茸、まいたけ、しめじ、ごぼう、里芋、生姜

冬野菜（色が白、雪の色が強い）
白菜、カブ、大根、レンコン、ネギ、エリンギ、えのき、もやし、春菊、ほうれん草、水菜

【2022年11月11日】2023年にお勧めの野菜

●レンコン
穴が空いて見通しが良いという言い伝え

レンコンに含まれる栄養成分

ビタミンC
食物繊維
タンニン
カリウム

お勧め料理
からしレンコン
レンコンのキンピラ
レンコンのツミレ汁

【2022年11月11日】柿渋《かきしぶ》の効能

今回お勧めするのは『柿渋のど飴』です。

今後流行するインフルエンザとコロナ予防のためののど飴です。

〝何か喉が変だ〟、〝そばにいる人が咳をした〟、〝体力が落ちている〟と感じたらすぐ柿渋ののど飴をなめてください。

『柿渋』は未熟《みじゅく》な青い柿をつぶし、1年から3年くらいゆっくり時間をかけて発酵《はっこう》、成熟《せいじゅく》させた茶色の液体です。

発酵、成熟すると色が茶色から黒に近いような色になります。

柿渋は平安時代から庶民の生活の中で生まれ育ってきたもので染めの材料にしたり、柱や壁に塗ったり、万人が使うために防腐《ぼうふ》、防虫《ぼうちゅう》、防水剤《ぼうすいざい》として使われてきました。

また、煮詰めた青柿《あおがき》は下痢止めとして飲むと効果があると言われ、常備薬としても使われてきました。

柿渋の主成分《しゅせいぶん》はポリフェノールの1種であるタンニンを豊富に含んでいます。

ポリフェノールやタンニンと言えば『緑茶《りょくちゃ》』に含まれていることで有名ですが、柿渋に含まれるタンニンはワインの20倍、緑茶の70倍といわれています。

抗菌《こうきん》作用から雑菌の繁殖《はんしょく》を止める効果がありますから、インフルエンザのウイルスにも効果があります。

ノロウイルスやコロナウイルスの消毒液として柿渋《かきしぶ》エキスを使うことも良いと思います。

また、柿タンニンには肌の弱い人にも使用することができますから古くから染物として使われてきました。

シルクや綿に染めると繊維一本一本の細部まで柿渋が浸透するため、染めの効果は長く保たれ洗濯をしてもその効果に変わりはありません。

柿渋は発酵《はっこう》後の匂いが完全に無臭になり、赤ちゃんからお年寄りまで使うことができます。

【2022年11月11日】日本経済 ③

前回から5日間、日本の経済についてお話をしたいと思います。

皆さまが想像している経済と私たちが知っている経済の視点が違うと思いますが、そこは皆さまも傍観者のように、サラッと考えられると新たな発見があると思います。

終戦直後の政治はすべてGHQに抑えられていたことは皆さまもご存じだと思います。

しかし、全てGHQに抑えられていたわけでもなく、GHQに向かって意義を唱えた政治家もいます。

鳩山一郎氏や田中角栄氏、小沢一郎氏たちが真面目に向かい合って話し合いをしました。第一の矢としてＧＨＱに直接意見を言いましたが、却下されました。

第二の矢は、岸グループに潰され、第三の矢は派閥に潰されました。

第二の矢や第三の矢は、表に立てられず撃沈しました。

アメリカは30兆円以上あるお金を、つまり隠退蔵金として使いながら政権政党を動かしてきたのです。

隠退蔵金はずっとアメリカが管理をしていましたが、共和党のニクソン氏と民主党のケネディ氏による大統領選後に、お金は密かに日本に渡されました。その時、日本の代表として受け取ったのが岸信介氏でした。

アメリカを動かす共和党は、大統領選で負ける度に民主党に資金を奪われないがために、配下ともいえる日本の自民党に裏からお金を回したので、日本の自民党にはお金がうなるほどあったのです。

そのお金を自由に動かしてきたのが岸信介氏、佐藤栄作氏、安倍晋太郎氏、安倍晋三氏、麻生太郎氏で、苗字は異なりますが政界のサラブレッドといわれている岸グループです。

この人たちは皆、兄弟や孫、親戚ですから、日本の政治はアメリカから預けられたお金を元にして、親戚同士で増やし使い回していますから国民には降りてきませんでしたし、政治の黒いお金となりました。

【2022年11月12日】心がほっこりする言葉

シリウス図書館に記録が残っている「心がほっこりする言葉」一部抜粋

①『笑う門には福来る』
②『努力は裏切らない』
③『チャレンジに限界はなし』

④『過ちは悔い改めてやり直す』

⑤『段取り8分《ぶ》、本番2分《ぶ》で頑張ればよい結果』

⑥『やってやれない事はない。やらずに出来る訳がない』

⑦『私はあなたが好き、あなたの次にチョコレートが好き』

⑧『今、ここであなたに会えたことが私の人生の最高の幸せ』

⑨『出来るか出来ないかではなく　やるかやらないかである』

⑩『人は幸せになるために生まれて、人を幸せにするために生まれた』

⑪『自分に打ち勝つことが、最も偉大な勝利である』　プラトン氏の言葉

⑫『愛は、敵を友人に変えられる唯一の力である』　ナポレオン氏の言葉

⑬『努力して成功するとは限らないが、成功している人はみんな努力している』

⑭『生きている事は当たり前じゃない。今、生かされている以上　今出来る事を全てやる』

⑮『あの時に戻ればうまくやれるわけじゃない。あの時失敗したから今うまくやれるだけ』

⑯『人は生まれてすぐ泣く。人は死んで誰かに泣かれる。生死で泣くのなら、生きているうちは泣かずに笑う』

⑰『私たちの最大の弱点は諦めることにある。成功するのに最も確実な方法は、常にもう一回だけ試してみることだ』　トーマス・エジソン氏の言葉

【2022年11月13日】毎日食べて健康
『2020年4月25日 バランスの取れた食事』 一部抜粋
汁物は……汁椀一杯
ご飯、穀類は……両手の手のひら一杯
野菜、キノコ、海藻は……両手いっぱいてんこ盛り
牛肉、豚、鶏、魚は……片手のひらほど
豆、納豆、とうふ、厚揚げは……片手のひらほど
抗酸化作用のあるツナ缶、鯖缶、缶詰類は……小学5年生の片手ほど

季節の変わり目は……時期の食材を色とりどり食べる。
毎日の食事は……5色〜7色の色物を食べる。
色が3色だけなら、食事は偏っている。

【2022年11月15日】未来に残す野菜
○未来に残す野菜は、栄養価が高いもの。

○未来に残す野菜は、高温や低温でも育つもの。
○未来に残す野菜は、土壌の栄養分を壊すことなく、連作にも強いもの。
○未来に残す野菜は、日照時間が短くても、雨量が少なくても成長するもの。
○未来に残す野菜は、病害虫にも強く、肥料などの栄養素がなくても育つもの。
○未来に残す野菜は、枯れ草や落ち葉で循環でき育つもの。
○未来に残す野菜は、自家製で種が取れて育つもの。

【2022年11月15日】映画『すずめの戸締まり』

映画『すずめの戸締まり』とは反対です。

すずめの戸締まりでは地震脈が空に見えるようですが、愛さんには海底や地底に見えます。

すずめの戸締まりでは地震脈の扉を閉めて回避をするのですが、愛さんたちは地震脈を分散させて小出《こだ》しにして放出させる……つまり小出しして出すのですから、開く役割があります。

人間の血管に例えると動脈に癌や血栓ができると血管がつまります。すると、血管が膨らみ詰まると破裂します。
だから愛さんや祈りのグループたちの役割は新たなバイパスを作り、新しい扉を開けることで流れを潤滑にすること、不要なマグマやエネルギーを小さく分けて、地球外に放出させます。

隕石を投石することでマグマの熱を下げることができます。磁気を一時的に変換させることができます。
ポイントの水晶を埋めることで地球の滞った場所、いわばコリに針（水晶）を刺し地球のコリや血栓をほぐす役割をしています。

【2022年11月16日】未来に残す食材　①
今、地球上では約20、000種類の食べられる植物が存在しているといわれています。
しかし、わずか12品種の農作物と5つの動植物製品だけで地球の75％の食品が供給されています。

この状況をみると私たち人間は、バランスよく食事を取っていないことがわかります。

『食べていないこと』

『偏った品種のみ食べていること』になります。


世界の食糧生産は今も上がっています。しかし、食糧を作るための水がありません。

水がなくても育つものを考えましょう。


近い将来、地球には草と昆虫だけがはびこる時代が来ます。


野生のもので、タンパク質が取れる食材と言えば昆虫です。

原型のままでは食べられない人も多いと思いますが、粉末化すれば誰でも昆虫は食べられます。

コオロギやバッタが食材として並ぶのは時間の問題です。

（コオロギは本当は食べれません。比喩と思ってください）


でも、まだ地球も頑張りますから100年間は野菜も作れます。

では、どこで野菜を作るのでしょうか?!と、聞かれると『地下都市』と『宇宙都市』と答えます。

地下都市での野菜作りは60%
宇宙都市での野菜作りは25%
地球の地上での野菜作りは5%
となります。

【2022年11月17日】異常震域
今年の11月8日から15日までの1週間で、震度1以上の地震が27回起きました。
また、震度4以上の地震は3回も起きました。
9日は茨城県南部が震源地とする地震で、揺れた場所は茨城県城里で震度5
14日 17時9分

三重県南東沖で震度4
揺れた場所は福島線双葉町や茨城県のつくばで大きく揺れました。

14日 22時28分
石川県能登で震度4

この度の地震は『異常震域』といわれ、震源に近い真上には地震波が減衰しやすく、揺れは弱まっていきます。

通常の地震は震源地の中心から離れると揺れが小さくなるのが一般的な地震です。しかし今回は異なった傾向を示す現象で、海洋プレートの中を通ることで揺れが弱まらず遠く離れた場所で大きく揺れる現象が起きました。ですが過去にも起きたことが多くあり、太平洋側では震源に近い場所よりも遠く離れた場所で揺れることがあります。

私たちは村中愛さんを通して「11月9日に余震が起こる可能性がある、水晶龍を洗う、茨城県だけでなく全国の皆さまに地震の回避を祈ってください」と伝えました。
理由は『異常震域の地震波』なので注意を促しました。

来年3月、九州、沖縄で隕石の投石をしてもらいます。水晶も埋設してもらいます。ですが地震はまったなしです。

3月まで大きな地震は起きないとは言い切れません。反対に何度も大きな地震が襲ってくると思う方が正しいと思います。

小川さんと愛さん、3月を待たずに1日も早く石垣島と宮古島に行って来てください。地震の中心に隕石を投石して聖なる言葉を伝えてください。聖なる言葉を待っています。

【2022年11月18日】日本経済 ④

日本人は考えないのか、
考えたくないのか、
考えても答えが出ないのか……、問いたい。

日本人は勤勉で努力家が多い！ ですが、日本人はアメリカ人よりも収入が少ない。

日本人はイギリス人よりも賃金が安い。

今の日本、物価は上がっても給料や賃金が上がらない国です。

そんなのは異常です。30年もの間、賃金が上がらないことを〝何か変だよ〟と思わない。不思議に思わないほどマインドコントロールされている理由を今回はお伝えします。

日本を支える中小企業数は約3、578、000社あります。なんと日本の99・7％の中小企業の会社が日本を支えています。

しかし、そのうちの70％の会社が赤字です。つまり、いつ倒産しても不思議ではない状態です。

日本の経済は0・3％の大企業と29・7％の黒字経営の中小企業が日本を支えている状況になります。

ここまで聞くと〝なるほど〟だから給料が上がらないのだ……、と納得する人が多いでしょう。

でも、問題にしているのはそこではありません。勤勉で、努力家の日本人社長が日本に3、578、000人も現役でいるということです。3、578、000人もの人が何かを考え、起業したことになります。つまり、発見したのです。発見したから社長という職に就いているのです。

2代目社長だから、3代目社長だからとヒゲする必要はありません。今、社長の席に座っているのは事実と真実です。

日本人の多くの若者が起業したなら日本の経済は大きく変わります。持っている知恵や技術を世の中に出すのです。

しかし、バブル前のように他国に出て、賃金の安い国に頼り、人を使って仕事をすると他国に技術を抜き取られてしまいます。

今後は政治家に頼らず、日本の社長が立ち上がれば日本の経済は上がっていきます。

【2022年11月18日】残したい物

1．釘とノミ……木と釘があれば家が建ちます。工具のノミがあれば釘がなくてもログハウスの家が建ちます。

2．お守りは2個あれば祈れます。神社かお寺のお守り1つと石があれば祈りの対象ができます。お守りにも石にも神や仏が宿ります。

3．新聞とゴミ袋があれば暖が取れます。ゴミ袋がビニール袋なら、新聞紙とビニール袋で身体は3℃暖かくなり1枚の服を着る以上に温かくなります。

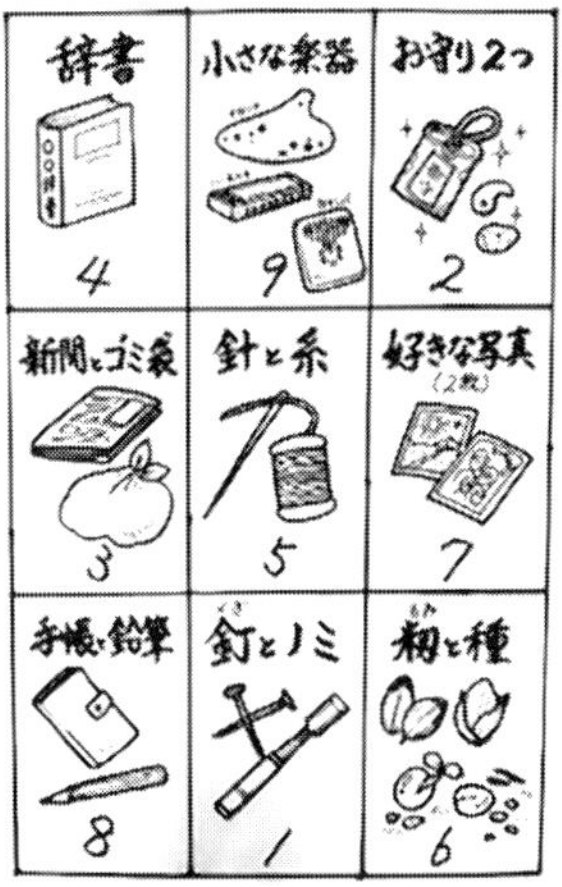
辞書
4
小さな楽器
9
お守り2つ
2
新聞とゴミ袋
3
針と糸
5
好きな写真
〈2枚〉
7
手帳と鉛筆
8
釘《くぎ》とノミ
1
籾《もみ》と種
6

4. 小さな辞書か事典があれば毎日退屈することなく本が読めます。文字と意味を深く考えると新たなる知恵がわいてきます。

5. 針と糸で、布があれば服や袋や靴もできます。針があれば小さなトゲを抜くこともできます。

6. 米の籾と野菜の種があれば田畑ができます。田畑があれば人は生きていけます。食べていけます。

7. 好きな風景の写真や家族や愛する人の写真があれば心が温かくなります。写真があれば生きて行く力になります。

8. 手帳と鉛筆があれば生きる目的を書くことができます。目的や目標を書き記録すると人生が前向きになります。

9. 小さな楽器があれば、音楽や音で心が癒されます。音楽があれば生きる希望が持てます。

左側……紙……　燃《も》やして、火を起こす
中央……金具……熱すると形が変わる（鍋・鉄板）
右側……生きていく糧《かて》……守る

【2022年11月19日】沖縄に飛んでください

沖縄に行って来てください。
年内に沖縄に行ってください。
いや…年内は待てないので12月10日までに行ってください。
太平洋のど真ん中が揺れています。

ハワイの真ん中に、新たな島ができるほどの大きなマグマが溜まっていて、今にも噴火しそうです。
沖縄から南西側も南東側も噴火しそうです。同時期に3～5カ所噴火しそうです。隕石を持ち、水晶を持って早く沖縄に行って来てください。

行く場所は，後日伝えます。

3人で行って来てください。
先日、隠岐に行った男性2名と、女性2名の中から男女1名ずつ行ってください。
愛さんも行ってください。

2人だけでは場所の確認できません。
メッセージも読み解けません。

海底噴火、海底地震を軽減できるように祈って来てください。皆さまにも祈るように伝えてください。
愛さんが公にして動くと皆さまが祈ってくれます。

そして、2022年3月に沖縄や九州に行ける人を1日も早く探し出してください。
沖縄に行ける人を手配してください。

日本全国の海に隕石を投石できるように手配をしてください。

手をあげてもらうとエネルギーが変わります。

皆さまが隕石を手に持ち、祈り始めると日本のエネルギーが変わりますから、年内に発送できるように手配をお願いいたします。

【２０２２年11月22日】戦争はビジネス ⑤

昔から戦争をすると儲かると言う話があります。

日本でも戦時中も大儲けをしてきた企業も少なくないと思います。軍事産業であったり金融業界であったり、財閥人であったり、大国が儲かる仕組みになっています。

たとえ負け戦争でも、戦争をすれば儲かるものです。

朝鮮戦争以後、アメリカがどれほど儲けたかは皆さんの予想外だと思います。

朝鮮戦争、レバノン戦争、ベトナム戦争から始まりドミニカ共和国、カンボジア、ラオスなどの侵攻もありました。

戦争のほとんどはアジアか中東です。

それはなぜかというとアメリカが裏で戦争をあおるからです。

今回のロシアとウクライナの戦争もそうです。戦争によって犠牲者は増える一方なのに武器を送り続けています。

欧米を中心にウクライナに巨額な軍事支援が続いています。

なぜなら、もともとウクライナはヨーロッパ最大の武器密輸国だからです。

だから、ウクライナに先端兵器を送り続ける国がある以上、ウクライナとロシアの戦争に終焉はないのです。

朝鮮戦争の起きた1950年から戦争は大きく変わりました。

朝鮮戦争の頃は軍事産業が主でしたが、今は電子器械産業やIT企業が主にたけた国が戦争して儲かっているのです。

そうです、戦争は武器ビジネスなのですから、武器を作って輸出する販売が目的で、経済を上げるために戦争をしているのです。

【2022年11月24日】静かな侵略者

日本は中国に占領されています。

中国人によって日本は静かに占領され大事な水源も土地も企業も買われています。しかし、それらのことは一切報道されていません。


日本人は中国人の本質を見抜いていませんから、中国人の合法的でなおかつ慎重に迫ってきている危機を感知できないのです。

中国人の動きは、計画的です。

中国人の戦略は、完璧です。

中国人の合法は、浸透工法的です。

【2022年11月25日】聖なる水　聖なる祈り

明日、11月26日に私たちは今回行ってほしい祈りの場所を3カ所お伝えします。

今後、世界的に水不足になりますから、『水不足の回避』、『地震・噴火の祈り』、『聖なる水を汲みに行くこと』を目的としました。

しかし、私たちよりも水不足や世界平和について悩み、苦しんでいるのは日本の天皇や神々です。

その内容は順次わかると思いますので、今回は2022年11月29日、30日の沖縄での祈りの集結文をお送り致します。

最初の目的地は、

宮古島の『通り池』ですから簡単にわかります。

大変なのはここから後で、

『聖なる場所で聖なる水を汲んでくること』をお役目としました。

宮古島には、『ガー』と呼ばれる聖なる水場が数カ所あります。

『ガー』とは、聖なる湧水が溢れ出る場所をいいます。

今回のお役目として、宮古島で最も古い聖なる湧水の場所に行って、今後起こるであろう水不足を回避するために祈り、聖なる水を汲んでくることを目的にしています。

しかし、その場所は、２０１４年8月18日に1度行ったことがあるだけで場所といっても、沖縄のユタさんが「地図にも載っていないような場所」とお話されていたのですから探すのは至難の業です。

愛さんは、11月18日に宮古島のユタさんに電話をしました。

もう1度だけユタさんに「聖なる場所に連れて行ってほしい」と頼みましたが受け入れてくれませんでした。

ユタさんは、「あなた達に聖なる水が必要なら神もご存じのはず。知っているはずです。私は神さまに伺って、２０１４年にあなた達を聖なる水場にお連れしました。今回の道案内は私のお役目ではないと思います。

なので、今回は神さまと向かい合い、神さまにお聞きください。聖なる水が必要なら、神さまがあなた達を導き、連れて行ってくれるでしょう。今回は人に聞かず、神さまと対話して迎え入れてもらってください」と言われ、一方的に電話を切られてしまいました。

ユタさんのお役目は神降ろしと、祭事を取り行う事がお役目です。神さまにすべてを伺い、外れたことをしません。本物のユタさんは決して外れたことはしませんから、1度お連れして神と繋いだなら2度と同じ行為はしません。

神さまとの対話は誰にでもできる事ではないのですから真剣勝負です。

しかし、下地島から宮古島、宮古島から石垣島に渡る飛行機の時間までの時間は3時間しかありません。

地図もなく、場所の名前も分からず、聖なる水を汲めるのか…、神との対話が始まります。

【2022年11月26日】宮古島・石垣島に行く

◯島：宮古島
場所：盛加ガー（ムイカガー）
聖なる場所ムイカガーがわからなければ、ここと思う所で最終的に水を汲んでもよいが、自分たちで本当にこの水が聖なる水としてムイカガーかどうかを確認すること。
住所：沖縄県宮古島市平良字西里
目的：聖なる水への祈り
持物：空のペットボトル1本、竹か木のひしゃく、懐中電灯

◯島：宮古島（下地島）
場所：通り池
住所：宮古島伊良部佐和田
目的：ブルーホール（海と陸の結び目）　7大陸と7つ海の融合を祈る
持物：隕石2個、水晶ポイント2本、水晶ボール各池に7個（7大陸）（7つの海）

◯島：石垣島

場所：多田御嶽《ただうたき》（タダオン）
住所：石垣島真栄里
目的：稲、穀物、種　五穀豊穣の祈り
持物：稲、種、水（自家栽培で採れた種と加尾の庭の水）、隕石1個、水晶ポイント1個、
　　水晶ボール1個

心して動け、心から動く者に神の融合がある。必ずすべての目的地に行けると信じていきなさい。

心迷わないこと。

【2022年11月26日】中国とブラジル

中国が食糧危機を感じ、いち早く手を打ち始めて10年が経過しました。国民の生活安全と安定を考えての動きです。

中国は易や暦を見る者、自然のサイクルを読み解く者がたくさんいますから、そうそうた

るメンバーで時の流れを読み解いてきました。多くのことをシュミレーションして目で観て（観察）、耳で聞き（危機）を感じてきましたから水源などの買い占めは、約30年前から始まっています。

２００８年頃から土地の買い占めを始めました。中国人は、中国で自由に土地が買えません。共産国なので個人的に土地を買って所有することができないため、自由に売り買いできる日本にターゲットを絞ってきたのです。

また中国は２０１５年から肥料をブラジルに売り、ブラジルは中国の肥料を使って穀物や野菜を作りました。その野菜や穀物を中国が買うという循環型のシステムを導入しました。循環型を計画した裏には、中国が「水不足」になることをいち早く察知していたからです。国土がどんなに広くても水がなくては植物も育ちません。

ブラジルは年間７００万トンの大豆やトウモロコシを中国から支援を受けてブラジルで作ってきました。肥料と支援があればブラジルも国が潤います。

国民を餓死から救う手立てを計画し、国が滅びることのないように全面的にブラジルで中国国民の穀物を作ります。

ブラジルと中国が最強のチームワークを取り始めて間もなく8年が経過します。

日本は国内の消費が少ないにも関わらず、取り決めが難しい国です。

昔の日本の購買力は、世界のどの国も真似できないほど強いものがありました。

しかし、今の購買力では世界には通用しません。

通用しないどころか、日本に肥料を売る国も、穀物を売る国もすでにありません。

【2022年11月26日】干し野菜

天日干しした野菜は栄養価が高まります。抗酸化作用がアップして生活習慣病の予防になります。

天日干しした野菜は歯ごたえが増すので満腹中枢を刺激し、食べた後に満腹感を感じます。

天日干しした野菜は甘味や旨味が増すので塩分や糖分を控えることができ、糖尿病の人、糖尿病予備軍の人、高血圧の人、コレステロールの高い人に特におすすめします。

天日干しした野菜はダイエット食材として満足する量を食べることができます。

天日干しした野菜は空腹時のおやつとして簡単に食べさせることができます。

天日干しした野菜は食材の無駄を省き、短時間で料理ができます。

天日干しした野菜は災害時の非常食として使えます。野菜不足の時は、同じく天日干しした果物と一緒に混ぜて食べると元気が出ます。

天日干し野菜の作り方は、野菜を洗って「切って」ザルに「並べて」「太陽に干す」だけです。

【2022年11月26日】メシアメジャーに問う

（昨夜、メシアメジャーに村中愛から聞きました）

愛：明日の講演会で皆さまにお話をしたいのですが地球は今後どうなっていくのですか？戦争は終わるのですか?!と聞くと

メ：昨日の〔2022年11月22日戦争はビジネス〕で答えたように戦争をビジネスと考えている国がある以上終わらない。

中国のことは来週のメルマガに出す予定ですが、中国と韓国、アメリカの動きを注意して見ていなさい。

愛：5年後や10年後にはどうなるのですか？

メ：26年前のメッセージを思い出してください。〔1996年4月29日　1つの玉から5つに分離〕です。

何度も何度も読み返しなさい。

過去のメッセージを読みます。

〔1996年4月29日〕1つの玉から5つに分離《全集①》

地球の草創期、宇宙から1つの玉が地球に飛んで来て5つに分離して地上に落ちた。

落下場所はペルー・インド・中国・ギリシャの4カ国。それぞれの文化・文明を治めた。

最後の文明を作る国は日本。日本に落ちた場所は東経135度0分、淡路島である。

2038年、その玉は再び1つになろうとする。そのときの海は温かく海水は薄く、塩害で人は苦しんでいる。

5つの玉のうちの1個、南米の白い砂漠に地球解明の謎がある。

追文
＊イエスキリストでも成就しなかった。モーゼでも救えなかった。

しかし、日本人が立ったなら世の中は変わる。

しかし、至難なことで、そこまでの覚悟ができる人はいないかもしれない。

空海や最澄もできなかった。

1人宗教教祖でも、1つの信仰団体でも、できない。

世界が1つにならなくてはならない。

メ：見える世界と見えない世界が融合していく時代がきます。２０３８年には完全に食料も地球の地下都市と宇宙都市で作るようになります。

明日の朝８時50分からのテレビを見なさい。〔２０２２年11月16日〕未来に残す食材①について最新の情報お伝えをします。

【２０２２年11月27日】テレビ報道（村中愛の思い）

今朝メシアメジャーが予告してきたのは『ミカゲ好奇心』月面農園でした。

愛：テレビを見ました。地球には住めないということですか？
地球に住むのなら地下しか住めないのですか？
核戦争ですか？

メ：気を引き締めてください。北朝鮮と中国には……。
核戦争をすれば、ヨーロッパ圏や北アメリカが消えます。

中国が宇宙基地に力を入れていること、自国から食料を出さないこと、肥料を出さないことがすべてに通じる答えです。

【2022年11月27日】神戸に集まる

モコッコたち霊獣が一斉に高知を飛び立ちました。

しかし、沖縄には行かず、神戸周辺で待機をしています。

河童の世策が沖縄に行きたくて、ネネや幸助に「早く沖縄に行こうよ」とせがみますが、誰も行こうとはしません。

鳳凰になったトキは、空中高く飛んでいて肉眼では姿が見えません。

隠岐の選手権で勝者した妖怪たちもゾロゾロと神戸に集まってきています。

小川さんと愛さんの護衛に100匹近い霊獣と妖怪が集まってきています。

2人の話が漏れないように結界が張られています。

神戸、神の戸が開くようです。

小川さんと愛さんは『扉』を開く人です。

神戸では小川雅弘さんのやりたいこと、やらなくてはいけないことを、黙って聞いてあげてください。

愛さんは、ポンプに入れる『迎え水』のような心になって、聞いてあげなさい。

心の中をそっと覗いてあげてください。「小川さんの望むように行きなさい」と言って、後押しをしてあげてください。

【2022年11月28日】重大な決意
沖縄に行くのに、飛行機の時間が合わなくて1日前に神戸に入った。
簡単に言えば時間調整ですが、真剣に話さなくてはいけない事があります。
神戸で話した内容は『未来を変える』大きな動きとなります。
1人を救うことが100人、千人、万人を救うことになります。

【２０２２年11月29日】２０２２年12月22日から新しい時代

２０２２年12月22日から新しい時代が始まります。
人と人が共に手を取り合いながら共生していきましょう。
２０２２年12月22日・23日・24日は静かに内なる心をみてください。
３３３３年３月３日までの時を読みましょう。

新しい時代に入ったからといって、新しいことがすぐ起きるということではありません。
新しい時代の前には大峠がありますからご注意ください。

誓約聖書を書く日がきます。
旧約聖書・新約聖書はたくさんの人に読まれ、受け継がれてきました。

しかし、沖縄で神事が終わったあと、『誓約聖書』商標登録ができたら誓約聖書を書く準備がはじまります。

２０２２年12月22日が終わり、３３３３年3月3日までの『誓約聖書』の時が始まります。

【２０２２年11月29日】聖なる場所

神戸から、下地島空港に向かう飛行機の中で金子さんより「宮古島、石垣島は古き神々が住まう地、星空の下、人々は神と共にあり、神に祈った」とメッセージを受け取ったと話してくれました。

【２０２２年11月29日】通り池に香淳皇后がみえた

下地島空港に降り立った小川さんと村中さんと金子さんが車に乗ろうとした時、１人の霊体が車の側で見ていました。

車は「通り池」の駐車場に到着し、３人は祈りの場に向かいましたが小川さんが携帯を忘れ、駐車場に引き返したので、小川さんに寄り添って女性の霊体が一緒に歩きはじめました。

通り池に着くと女性の霊体が愛さんに話しかけました。

「ここから見ますと、池の形が四国に見えます。そうすれば私の立っている場所は岡山になりますね。

私の子、順宮《よりのみや》（池田厚子）が旧岡山藩主、池田隆政公に嫁いだ地から見た四国の形に似ています。

今、マーヤ（小川さん）が祈っていますから、ここで私と共に祈りましょう。

私の名《めい》は香淳。

あなたたちですか？　浩宮《ひろのみや》を呼んだのは⁈

ここに来て共に祈れとおっしゃったのは……。猿田彦大神から血書が届きましたから私が参じました。

この後のこと、私が速やかに整えますから私の席を1席（車・飛行機）設けてください。

【2022年11月29日】聖なる水をいただく（村中愛の思い）

聖なる水を探す前に、宮古島の盛加ガー（ムイカガー）に行きました。

メシアメジャーから

「努力して、知恵を出し合い、車で走って探しても分からなければ最後は盛加ガーの水を汲みなさい」と言われていたからです。

しかし、着いた瞬間ここでは水は汲めないと思いました。

氣がよどんでいるように感じます。

そして、何よりも蚊が異常なほど襲ってきます。

明後日は12月だというのに蚊が音をたてて飛んできます。急いで車に乗りましたが、数匹の蚊が入ってきて、3人とも刺されてしまいました。

携帯電話で次のガーを探し、移動しました。

移動した先の大和井（ヤマトガー）は、もっとも規模の大きな古いガーでした。

しかし、探しているガーとは違っています。

また、車に乗って次の場所を探しました。


3カ所目、洞窟井戸のイザガーに着きました。でも、違っていました。


8年前の記憶を何度も話合いました。

進行方向の左側が海で、右側は山だったこと。近所に家や集落がなかったこと、もちろんバス停もありませんでした。

歩いている人にも出会わなかった。その時は「写真も撮らないで」と言われていたので空しか撮っていません。

それでも何か手がかりはないかと思い、携帯電話の写真を必死で探しました。

昼食を食べる時間もなく、トイレに寄ったコンビニでおにぎり1個とアイスクリームを買って、食べながら探しました。


3人が必死の思いで携帯電話や地図を見て調べて……、やっと見つけました。

写真の中に1枚だけ『天川改築』という文字。記念碑を手がかりに車を走らせました。

島内を30分走ると海が見えました。確かな手応えです。

目的地のガーに着き、車から飛び降りると、何百段もある階段を走るように2人が降りて行きました。

私は上からライトを当てて足元を照らしますが、奥深く真っ暗な洞くつは何も見えません。

車もない時代、いったい何人のユタさんが神さまに捧げる水の湧くガーに1人で降りて行かれたのでしょうか。そのお姿に思いをはせると緊張で身体が震えます。

すると洞くつの奥の方から歌声が聞こえてきました。

ムムテ～ナス　イランチャマーン～カスキダナ～

ウィンミテンナ～　ウィンミテンナ～　ユスウテンナァ～　ウガマリサマルンチャヨ～

ティンガーラ

ティンガーラ　チャラ　ヤブラ～　　ヤイヤ～ガマヨーイ　ササラニスヌヨ～

歌っていたのはモコッコの家族でした。

『1000年以上も前から、この石段で待っていました。みんなで祈りましょう…ここは天の川　美しい魂が宿る場所　南から吹く風と共に祈りましょう』と歌ってくれました。

モコッコたちは琉球王国を守っていた国獣です。しかし、1000年以上も前から小川さんや金子さん、私たちがここに来ることを知っていて、「聖なる水と共にこの地を守って待っていた」と話してくれました。

モコッコの父親や家族がいる場所を写真に納めようと思いましたが、なぜかカメラのシャッターが下りませんでした。

金子さんが「この水は、命の水。平和の泉、心して使え」と言われたと話してくれました。

聖なる水を５００ccだけ頂いて、急いで宮古島空港に向かいました。

【２０２２年11月30日】ひしゃくで北斗七星

大事なことは、明朝です。砂を掘り水晶玉を埋めます。
その上にピラミッド型に砂を盛り、ひしゃくを北斗七星のように配置して、ひしゃくをピラミッド型の砂の前に置きます。

昨日、いただきました〝聖なる水〟をひしゃくに7分目入れ、加尾の水を3分目入れ、隕石を一個入れて最強の水を作ります。祈りのときには隕石がひしゃくの上を通過するイメージをしながら祈ります。

〝聖なる水〟は平和の為に使いなさい。
次に使う時は、２０２２年12月22日で、ピラミッドの前、男性５人（６人）で祈りを捧げます。
地震回避・火山噴火など自然災害を起こさないように祈りを強固にしてください。

【２０２２年11月30日】下地島↓宮古島↓石垣島（村中愛の思い）

石垣島の多田御嶽《ただうたき》（タダオン）で今から祈るのですが、予想外の雨が降っています。集合時間になっても夜が明けず、外は真っ黒です。昨夜からメッセージが届きはじめ、ほとんど寝る間もないまま朝がきました。１泊２日で３つの島を飛行機で飛ぶのは至難の業です。

【２０２２年11月30日】石垣島の多田御嶽

石垣島の多田御嶽では天皇家にまつわる代々の祈りの仕方をしたいとシリウス図書館からデータを写してきたものを愛さんに見せました。

稲、穀物、種をお供えして五穀豊穣の祈りをしました。

持参した稲、種は自家栽培で採れた種を持ってきてもらい、聖なる場所で汲んできた水と加尾の庭の水をひしゃくに入れて調合しました。隕石１個、水晶ポイント１個、水晶ボール１個。

この度は、ひしゃくを使いますのでエジプトの３基のピラミッド型を砂で作り、そのほか

3基の小さなピラミッドも作り、天体の北斗七星をひしゃくに見立てて水をいれました。

遠くに陸軍の船や飛行機が見え第二次世界大戦で戦った多くの霊が見えますが、気にしないで淡々と祈りを進めてください。

『心して動け、心から動く者に神の融合がある。必ずすべての目的地に行けると信じていきなさい。

心迷わないこと』

小川さんと一緒に行った祈りや神事で雨が降ることはありません。なのに、金子さんは傘を持ち、雨合羽を持参しています。意味を金子さんに伺うと祈りの結果は〝雨が降ると成功〟のようです。

横なぐりの雨と風、傘が折れるほど強い雨と風のなかで、全身びしょぬれで祈りをささげました。

後で、メシアメジャーから「雨と風は人を寄せ付けないために必要でした」と言われました。

【2022年11月30日】日本の土地と家畜の餌代
日本の土地は、リン酸が不足している黒ボク土が多く、農地としては肥料を入れなければ野菜は育ちにくい、収穫の少ない土地が多いです。
そのため肥料を一切使わずに土壌改良するのは無理が多いと思います。

政府は高い肥料を使用せず、減らす対策を取る農家を支援しています。しかし、現状では、無肥料野菜や無農薬野菜の販売は、ほぼ無理な状態になります。


また、日本の畜産業が抱えている問題点は家畜の餌代です。

日本の家畜の4分の3は輸入に頼っています。コロナやウクライナとロシアの戦争から家畜の餌代は安い物で1・6倍、高い物になると2・5倍に跳ね上がっています。

国産の餌に切り替えるには牧草が少ないですし、牛や豚、鳥が好むトウモロコシなどが少な過ぎます。

畜産農家にとって餌代の値上りは死活問題になります。しかし、餌代の安い物に飛びつくと安全性に欠けるものもあります。

今後は輸入に頼らず、一時期は生産も落ちると覚悟をし、自国で生産率を上げて、国産の餌に切り替えることが大事です。

【2022年12月1日】『ある』と『ない』の言葉

『ある』の言葉の使い方……『ある』と口に出すほど運気が上がる
自分も家族も、元気である
経済的余裕がある
家族の理解がある
生活が安定している
時間的余裕がある
仕事がある

『私には』を使うとさらに運気が上がる
私も家族も元気である
私は経済的余裕がある

私の家族は理解がある
私は生活が安定している
私には時間的余裕がある
私には仕事がある
私にはやることがある

『ない』のマイナス言葉を使う場合は
私はトラブルがない
私には精神的ストレスがない
私の家庭は問題がない

口に出して言うほど『失う』言葉……ない
私はお金がない
時間がない
仕事がない
家族の理解がない

健康でない
心の余裕がない

【2022年12月2日】北朝鮮ミサイル

2022年2月ロシアとウクライナの戦争が始まりました。
今も戦争の終結はありません。ロシアとウクライナの戦争と同じく怖いことは今後起こるであろう、他国からの攻撃です。

日本はロシア、中国、北朝鮮に囲まれていて大きな危険性を抱えています。
特に、北朝鮮の相次ぐミサイル発射はほんとうに日本に落ちてこないのでしょうか。

2022年に入り北朝鮮がミサイルを発射する回数が急激に増えてきました。
6月中旬までに17回26発も発射しました。
2018年は1度も発射しなかったのに、2019年は13回、2020年は4回、

２０２１年は4回、そしてロシアのウクライナ侵攻後は４カ月で11回も発射しました。圧倒的に増えてきました。

そうです、ロシアに対して北朝鮮はロシア軍を応援しているからです。

そして、応援するにはミサイルを確実に撃ち込めるように精度を高めているのです。

キムジョンウン氏は昨年『国防５カ年計画』を発表しました。軍事力の強化を図り、ミサイルの的中率に力を入れ、意志を内外に示したのです。

【２０２２年12月３日】言葉と回避の方法

幸せが半分の人が多く使う言葉

◯かなしい（悲しい）

◯さびしい（淋しい）

◯むなしい（虚しい）

◯きびしい（厳しい）

○くやしい（悔しい）

紙に書いた5つの言葉を北から南向きに貼ると無意識に言わなくなります。

幸せな人が多く使う言葉

○うれしい（嬉しい）

○おいしい（美味しい）

○おかしい（可笑しい）

○たのしい（楽しい）

○やさしい（優しい）

紙に書いた5つの言葉を西に貼り、東南に向いて言うと運気が今以上に上がります。

お金がない人が多く使う言葉

○うらやましい（羨ましい）

○まずしい（貧しい）

○きびしい（厳しい）

○つましい（倹しい）

紙に書いた5つの言葉を北側に貼り、北に向いて読むと言わなくなります。

◯ほしい（欲しい）

【2022年12月3日】ロシアと北朝鮮の関係

北朝鮮が建国した時、北朝鮮を陰ながらバックアップした国はソ連でした。つまり、ロシアです。

北朝鮮のミサイルの技術はロシアから学んだものがベースにあります。

ロシアはウクライナに侵攻しました。簡単にウクライナを落とせると思っていたロシアでしたが…

ウクライナをバックアップするアメリカがいる以上、終戦はあり得ません。

ロシアをバックアップするために北朝鮮はミサイルを打ち続けアメリカを挑発させています。

その裏側では、韓国とアメリカの軍事練習を止めさせようとしているのですが、北朝鮮の思いをアメリカが汲むことはありません。

ウクライナに対して、このままアメリカの動きが同じなら北朝鮮が動き始めます。

北朝鮮の攻撃対象国は、①アメリカ、②韓国、③日本の順番です。

世界で唯一の核被曝国の日本ですが、シェルターが1個もありません。

核被曝国だからこそ、国民を守るためにシェルターが必要だとは思わないのでしょうか?!

日本は核について目をそらし、言葉を濁しています。

北朝鮮のミサイルは、短距離でも長距離でも目標地点に確実に落とせるように、走行距離や軌道の技術が完成されています。

【2022年12月4日】天赦日で運を呼ぶ

《天赦日》

○百神が天に昇る日で禁忌することはないとされた日

○天が万物を包み養い、すべての罪を許す日

○２０２３年１月６日（金）

３月21日（火）

◉６月５日（月）

８月４日（金）

８月18日（金）

◉10月17日（火）

◉はエネルギーの強い日

２０２３年は大きな災害が起きても不思議ではない年です。
２０２３年は特に鬼宿日と天赦日を大事にしてください。

【２０２２年12月５日】２０２３年の運気上昇と金運神社

○弊立神宮……熊本県上益城郡山

○籠神社……京都府宮津市大垣

○天河大弁財天社……奈良県吉野郡天川村
○川越熊野神社……埼玉県川越市連雀
○諏訪大社本宮……長野県諏訪市中洲

【2022年12月5日】鬼宿日に運を呼ぶ

○鬼宿日（きしゅくにち・きしゅくび）は28日に1回ほど回ってくる開運、幸運日です。
○鬼宿日は家の中にいる鬼が外に出て泊まってくる日です。
○鬼宿日は百事を行なっても良い日で名誉や長寿などを祝う日です。
○鬼宿日に年末や年始に向けて大掃除をすると家が栄え幸運が家に舞い込んできます。
○鬼宿日は何事もうまくいく日です。
○鬼宿日に神棚や仏壇、部屋の掃除をするとその家が栄えるといわれている日です。
○良いことにお金を使うと成果が出て、神さまから使った分の倍いただけます。
○財布を新しくすると財運が上がります。宝くじを買うと金運が上がります。宝くじが当たらなくても数枚買うだけで運気が上がります。
○鬼宿日に寄付や布施をすると神さまが喜びます。

自分の守護神が今年の金運神社に届けてくださり、寄付、布施が倍額になります。

『2023年の鬼宿日の1年カレンダー』

◉2023年1月6日（金）
鬼宿日天赦日・一両万倍日・天恩日

○2023年2月3日（金）
大明日

○2023年3月3日（金）
大明日・神吉日

○2023年3月31日（金）
母倉日・神吉日

○2023年4月28日（金）
大明日

○2023年5月26日（金）
大明日・神吉日

○2023年6月23日（金）
神吉日・天恩日

◉2023年7月21日（金）
天恩日

○2023年8月18日（金）
天赦日・神吉日

○2023年9月15日（金）

○2023年10月13日（金）
大明日

○2023年11月10日（金）
大明日・母倉日・神吉日

◉2023年12月8日（金）
一両万倍日・神吉日

鬼宿日や天赦日や一両万倍日の良き日でも、2月3日・4月28日・7月21日・9月15日・11月10日は、土用の期間です。土に関した事、家に関したことには注意が必要です。

【2022年12月6日】鬼宿日からスタート

鬼宿日（きしゅくにち・きしゅくび）は月に1回ほど回ってくる開運日のひとつです。

年末や年始に大掃除をするのにも吉祥日があることをご存じですか⁈

『鬼宿日』から掃除をスタートすると部屋がきれいなまま過ごせることをご存じですか⁉

『鬼宿日』は何事もうまくいく日で、

この日に神棚や仏壇、部屋の掃除をするとその家が栄えるといわれています。

年末年始の掃除を始めたいと思っている人も、普段から掃除をしているので特別に掃除をしなくてもいいわと思っている人も、大掃除をしなくてもお正月は来ると思っている人も、ぜひ『鬼宿日』から掃除をして運気を上げてみましょう。

2022年12月の鬼宿日……2022年12月9日（金）

2023年1月の鬼宿日……2023年1月6日（金）

鬼宿日は他にも良いことがたくさんあります。

お財布を新しくすること

宝くじを買うことも良いでしょう。

【2022年12月7日】二十八宿《にじゅうはっしゅく》吉凶の説明

月が地球の周りを1周するのは、27日と7時間で、約28日かかります。

その28日を28区分に分けたものを二十八宿《にじゅうはっしゅく》といいます。

二十八宿《にじゅうはっしゅく》は赤道にそって配置されていて、さらに東西南北に7宿ずつ分類されています。

『鬼《き》』は、南方7宿に入っていて朱雀《すざく》が守っています。

(四神獣《ししんじゅう》…天の四方の方角を守っていることで有名です。

四神獣とは東方を守る青龍《せいりゅう》・南方を守る朱雀《すざく》・西方を守る白虎《びゃっこ》・北方を守る玄武《げんぶ》)

二十八宿《にじゅうはっしゅく》の1つに鬼宿日があります。鬼の字が書かれているので、良くない日のように思いがちですが、じつはとても良い日です。

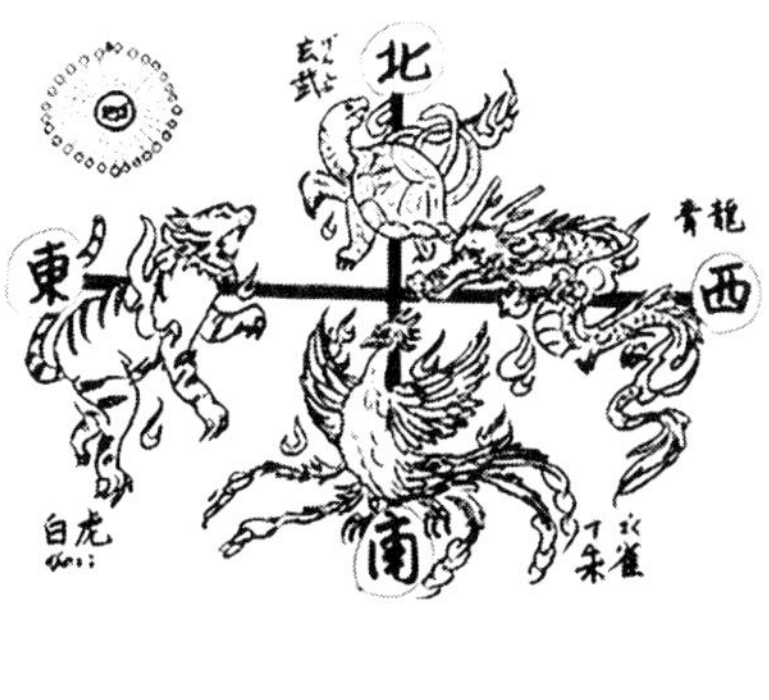

【2022年12月7日】震源地が変わる

先月から活発に動く地震に不安を感じる人も多いと思います。

石川県の能登半島で、身体に感じる地震が頻発に起こっています。

今年の初夏から震度6弱や5強も観測されています。震度1以上は170回を超えました。地震の層は浅くなり活動場所もずれているので注意をしてください。新たな震源地が生まれようとしています。

石川県能登地域一帯の地下に地震を発生させる地震脈が存在した、存在していると考えてください。もちろん地震調査隊も派遣すべきです。

今後も震度5強から震度8弱は発生するでしょう。

フォッサマグナの関係で糸魚川－静岡構造線が石川県能登半島方面に引っ張られています。海底では古い地層の上に新しい地層が乗っていますが、新しい地層は能登半島側に流れています。

北アメリカプレートとユーラシアプレートの境も今、大変危険な状態にあります。

太平洋側で大きな地震や海底噴火が起きるたびに日本が西南日本と東北日本に分かれそうになっていることが非常に怖いです。

【2022年12月8日】ピンクレムリアンシード（村中愛の見たこと）

隕石と水晶ポイントをほぼ買い集めた時、3人のメシアメジャーの話が聞こえてきました。「ピンクレムリアンシードを各県に1本ずつ埋めてほしい」と業者の前で言うのです。まったくの想定外と想像外。

（ここにきて、また何を言い出したのだろう……）

そこで、私は静かに答えました。

「無理です。隕石だけでも高いのにピンクのレムリアンシードなんて高額過ぎます！」と、言っても3人は動きません。

メシアメジャーはまる2日間も同じ場所で立ったまま動きませんでした。

レムリアンシードは過去の記録をすべて内在しています。過去の良き時代の記録は今の地球にとっては大事なことです。1県に1本だけでも埋設してくださいと何度も言われます。

ことわりきれなくなり、ついにピンクのレムリアンシードの購入に至りました。

【2022年12月8日】正月料理

正月料理　おせちには諸説ありますが、シリウス図書館の一部を記載しています。

おせち料理の数は11で奇数。奇数は縁起が良いと言われ、偶数は2で割れ、「別れ」を意味します。

奇数は「陽」の数字であり、偶数は「陰」といわれています。

『重箱《じゅうばこ》におせちを詰める理由』

年神さまを家に迎え入れ、家内安全、家内健康、子孫繁栄、五穀豊穣、経済上昇などの福を授けてもらうための行事です。

おせちを詰める重箱を「福が重なる」「幸が重なる」「めでたい事が重なる」と言う意味が込められています。

【2022年12月8日】おせちとお重
〔おせち　1の段〕祝いの肴《さかな》（一番上）
◎黒豆……「豆に良く働く」1年間健康で黒く日焼けするほど元気に良く働きます。
黒の色は「魔除け」になります
「健康祈願」「魔除け」「長寿祈願」

◎栗きんとん……小判の色から「商売繁盛」「金運アップ」「勝負運」
1年の富、「金団《きんとん》」と書くことから黄金色で金運上昇する
●「大判・小判・福金どんと来い」と言うと金運が来る
◎紅白かまぼこ……日の出を表し新しい「門出」です。赤のかまぼこは「魔除け」、白のかまぼこは「清浄」
赤白交互に盛り付けします
◎伊達巻……巻物（書物）に似ていることから「学問を成就する」、「知識が増える」縁起物
◎数の子……子たくさんで「子孫繁栄《しそんはんえい》」と黄金色で「金運上昇」
◎たたきごぼう（きんぴら）……「豊作」「家が地に根付き安定する」「延命長寿」「開運」

◎田作り……「豊作」「健康」「子孫繁栄」お頭付で「祝いの肴《さかな》」
五穀豊穣を願い田畑の肥料にイワシを入れたことから、海の幸を入れる
◎昆布巻……よろこぶ（喜《よろこ》ぶ）福をよろこぶ。「広布《ひろめ》」から披露目になる
◎酢れんこん……「将来を明るく見通せる」れんこんは花の種が多いことから「子孫繁栄」
◎錦玉子《にしきたまご》……金（黄身）と銀（白身）の2色（2食）もの縁起もの

〔おせち　2の段〕
鯛《たい》……めでたい、恵比寿さまが持つ縁起魚
海老……「腰が曲がるまで元気で長生き」海老の脱皮から「出世」できる
ブリ……体が大きく成長と共に名前が変わる出世魚《しゅっせうお》
もじゃこ↓ワカシ↓イナダ↓ワラサ↓ブリ（関東）
もじゃこ↓ワカナ↓ツバス↓ハマチ↓ブリ（関西）

はまぐり……左右の貝が合う、夫婦円満

〔おせち　3の段〕
一つの鍋で煮ることから、家族仲良く末永く繁栄と富で結ばれる
筑前煮《ちくぜんに》（お煮しめ）……「末永い幸せ煮」

レンコン……将来の「見通し」
里芋……親芋・子芋・孫芋ができる「子孫繁栄」
ゴボウ……地域に「根をはる」
人参……春のめでたい梅花に見立て「生活の豊かさ」
大根……保存・備蓄・「未来への安定と安心」
糸昆布……糸のように長い「よろこぶ」
クジラ……生き物で1番大きく、「強く人生を泳ぐ」
手綱こんにゃく……芋の粘り強さと結びで「良縁成就」
しいたけ……亀の甲羅に見立て、万年「長寿」

〔おせち　4の段〕

紅白《こうはく》なます……野菜が「根を張る」大根・人参の2食で水引《みずひき》の色、紅白の縁起物

菊花《きっか》カブ……日本の国家花の菊とタカの爪（魔除け）を入れ紅白の縁起

どちらか1つ

〔おせち　5の段〕（下段）

●神さまがお金を入れてくださる為の空箱

じつは裏話がある。

5段のお重《じゅう》が大事だと聞き、買った人もいると思います。

空《から》のお重を置くだけでも良いのですが、

さらに金運アップすることがある。

●元旦の夜に金貨を1枚5の段に入れ、3日まで入れたまま置いておくと金運上昇する。

●紙に「年神さま、今年もたくさんお金をいただきましてありがとうございます」とお礼状を書いて16折りにして赤糸で結び、入れて置く。置く（億）

【2022年12月9日】日本のお祝い　①

1、帯祝い（命が宿って5カ月目の戌の日）
2、お七夜（生後7日目）
3、お宮参り（生後男の子31日目、女の子33日目）
4、お食い初め（生後100日）
5、初節句（生後初の3月3日女の子）（生後初の5月5日男の子）
6、初誕生日（生後1年目）
7、七五三（3歳男女、5歳男の子、7歳女の子）
8、十三祝い
9、成人式（成人は18歳、成人式は20歳）
10、還暦（満60歳）
11、緑々寿祝い（66歳）
12、古稀（満70歳）
13、喜寿（満77歳）
14、傘寿（満80歳）
15、米寿（満88歳）

77才	喜《き》寿《じゅ》	「喜」の異体字＝「㐂」(7を重ねた) 「喜」の草書体＝「[illegible]」(七十七)
80才	傘《さん》寿《じゅ》	「傘」の略字＝「仐」 「仐」→「八」と「十」
88才	米《べい》寿《じゅ》	「米」→「八十八」
90才	卒《そつ》寿《じゅ》	「卒」の略字＝「卆」 「卆」→「九」と「十」
99才	白《はく》寿《じゅ》	「百」から「一」を引くと「白」
100才	百《ひゃく》《もも》賀《が》《が》	「百」を賀(祝う)
108才	茶《ちゃ》寿《じゅ》	「茶」「十」と「十」「八十八」＝108(10+10+88)
111才	皇《こう》寿《じゅ》	「皇」「白」＝99「王」＝(1+10+1)＝12　111(99+12)

16、卒寿（満90歳）
17、白寿（満99歳）
18、百寿（満１００歳）
19、皇寿（満１１１歳）
20、大還暦（満１２０歳）
他には、入園式、卒園式、入学式、卒業式、就職祝い、退職祝い、と、個人のお祝いはたくさんあります。

【２０２２年12月９日】お食い初め
☆お食い初め☆　意義と目的一汁三菜《いちじゅうさんさい》
◎尾頭付の鯛
鯛の表面は赤、身は白で縁起の良い紅白です。また、鯛は魚の中でも寿命が長いことから長寿を意味しています。
◎赤飯

赤飯の中にある小豆の赤は魔除けや邪気を祓います。小豆の赤と米の白で紅白になります。

◎お吸い物
はまぐり
お吸い物は吸う力を強めます。
はまぐりは栄養豊富であり、2枚の貝殻が大きく開くことで大成開花を意味しています。

◎煮物
大根と人参で紅白。里芋は親芋、小芋、孫芋まで順番につくことから子孫繁栄、レンコンは見通し、タケノコは成長、豆はまめまめしくなど、色とりどりで縁起の良い野菜を使います。

◎酢物か漬物
タコの酢物
タコ（多幸）と人参と大根の紅白は、祝膳の中の一品（逸品）です。

●歯固め石
歯が強く、固く、丈夫で一生歯があるように歯固め石を置きます。

歯固め石は氏神神社の境内にある石を2個お借りしてきた後、煮沸消毒をしてから使います。

お祝い後には境内のあった場所に石をお返しします。

『お食い初め』の前に長寿の人から石をもらうと長寿になります。


【2022年12月10日】一膳《ぜん》・一汁三菜《いちじゅうさんさい》
☆お食い初めの赤飯を白米に変えて1膳・1汁3菜
一膳……米
一汁……味噌汁、お吸い物
三菜……魚や肉、煮もの、酢物や漬物
を、食べると2番目のテーマと同じく健康を維持し食べると運気が上がるになります。

【２０２２年12月11日】日本のお祝い　②

☆帯祝い☆
忘れてはならない大事なお祝いの１つは『帯祝い』です。

母の体内に生を受け、命が宿った５カ月目、『戌の日』に執り行う帯祝い。

帯祝いに使われるのは『岩田帯』で穢れや災いから身を守ります。岩のように丈夫で強い子どもになるように願いが込められています。

☆十三祝い☆
子どもが数え年で13歳になった時に祝い（詣り）ます。

数え年で13歳になったことを祝うと共に幸せと知恵を授けてもらうための祝い（詣り）です。

神社やお寺にお参りに行くときは一字写経を持って行きます。


小学校から中学校に入学する時です。

平安時代の56代天皇、清和《せいわ》天皇が病弱で、13歳の時お参りに行ったことから十三祝い（参り）ができました。旧の３月13日にお参りに行きます。新ですと２０２３年４月３日になります。

着物も大人と同じ、本裁ちになります。

持って行くものは「1字写経」健・賢・福・安・学・楽・智・仁・愛・永・雅・輝・継・尊・徳・絆

今年の清水寺の「一字写経」今年の漢字は「戦《せん》」でした。ロシア・ウクライナ戦争がはじまったことやワールドカップから「戦」の文字に決まりました。

☆緑々寿《ろくろくじゅ》祝い☆
人とのご縁を感謝し、長寿を祝う行事です。
定年退職や年金受理を1つの機縁として祝う人もいます。

【2022年12月11日】自分自身を祝う
2022年、あなたは何人の人にお祝いをしましたか?!
指を折りながら数えてみてください。

家族の父や母
家族の兄弟姉妹
お友達
もちろん、自分自身のお祝いも。

お祝いと言えば、誕生日や入学や卒業、還暦や米寿のお祝いを想像する人も多いでしょう。

ですが、本当のお祝いは自分自身の成長に対して祝うことが大事です。

昨日出来なかったことが今日できたらお祝いしましょう。

昨日知らなかったことを今日知ったら自分を褒めてお祝いしましょう。
お祝いには決まりがありません。

お祝いをすると、幸せが倍増します。

【2022年12月12日】2023年の運気と金運神社とお賽銭

○弊立《へいたて》神宮……熊本県上益城郡山（369円）

○籠《この》神社……京都府宮津市大垣　（555円）

○天河大弁財天社《てんかわだいべんざいてんしゃ》……奈良県吉野郡天川村（1、010円）

○川越熊野神社《かわごえくまのじんじゃ》……埼玉県川越市連雀（子どもが参拝）（115円）いいご縁

○諏訪大社本宮《すわたいしゃもとみや》……長野県諏訪市中洲（500円）

○喜多院《きたいん》……埼玉県川越市小仙波町（500円）

別院（寺）

2023年は5つの神社と1つのお寺が入っています。ぜひ、皆さまお参りに行かれてください。

【2022年12月13日】2023年幸せの早道

お誕生日にはメッセージカードを送りましょう。
豪勢にしなくてもいいので心のこもった物を作りましょう。
心がホッとする絵をおくります。

人の祝い事を我が事のように喜び、
人の幸せを祝いましょう。

【2022年12月14日】湯たんぽ

2022年12月から2023年の3月21日のお彼岸になるまで、お布団の中に湯たんぽを入れてお休みください。

今年の冬は非常に厳しい寒さに襲われます。日本全国、全国各地に寒波が襲います。
寒波に勝つためには

身体の中を暖かくしてください。

お米、しっかり食べましょう。

牛肉、豚肉、マグロ、カニ、エビ、イワシ、サバ、生姜、ニンニク、ニラ、豆、納豆、もやし、長ネギ、キムチ、かぼちゃ、里芋、カブもしっかり食べましょう。

味噌、醤油、ミネラルたっぷりの塩、唐辛子、黒酢、野草酵素、お茶も大事です。

そして、今年の冬に欠かせないものは『湯たんぽ』です。
毎夜寝る前に、湯たんぽを入れます。

日々の生活に電気毛布ではダメです。
気力と体力と水分を電気に取られてしまいます。
湯たんぽは時間と共に冷めてきますが、湯たんぽが冷める頃、人間の身体にある自己免疫力が上がってきます。

湯たんぽは今後の寒冷化に対しても必要なので、必ず購入してください。

【２０２２年12月15日】富士山の火山灰

富士山が噴火した場合、どうなりますか？と何度も聞かれます。

その答えは何度もしてきました。

メシアメジャー全集を読んでいただきますと答えはすでに書いています。

富士山が前回に噴火したのは１７０７年でしたから３１５年が経過しています。

富士山の噴火サイクルを見ますと約２００年から２５０年で、長くても３００年ですから、いつ噴火しても不思議ではない状態です。

富士山が噴火をしますと噴煙が上がります。そのあとは火山灰と軽石が偏西風に乗って飛びます。

噴火の規模により異なりますが、近年中に富士山が噴火した場合は富士山周辺の静岡県や山梨県は火山灰が150㎝～300㎝積もります。

神奈川県で80㎝、東京都では15㎝、千葉で10㎝は積もります。

火山灰は約20日降り続き、昼でも暗くて太陽が出ていても見えません。

都市圏では、

交通……全て止まります。

ライフライン……全て止まります。

報道……一切できません。

食料……買いに行けません。

水道やトイレ……水は出ません。

懐中電灯と大量の電池を持っている人には昼夜、懐中電灯の光が心の支えとなります。

【2022年12月13日】増岡尚美ちゃんの夢

増岡尚美ちゃんの夢を見ました。

コロナが終息したのか、7人で海外ツアーに行くために飛行機に乗ろうとしています。

尚美ちゃんは荷物も持たず、携帯電話が1個入るような小さなポシェットだけしか持っていません。

尚美ちゃんに「荷物は持ってないの？」と聞くと「妹に預けたからない」と答えました。

「チケットは持っている？」と聞くと「チケットはないから荷物を乗せる所に乗る」と言うと、さっさと行ってしまいました。


ドアが閉まる時、尚美ちゃんは「小川さんと愛さんと、ながはまさんと、もう一度海外ツアーに行きたかった。私の人生で1番楽しかった」と言って手を振ったあと、自分でドアを閉めました。


起きた時、涙がボロボロ落ちました。

何を意味した夢なのか不安になり、尚美ちゃんに電話もラインもしましたがお返事がありません。

【2022年12月16日】年内は送らない

12月15日に隕石や水晶を入れて発送するパッケージが届きました。愛さんたちスタッフは、必死で梱包作業をするでしょうから、年内の発送はやめましょうとお伝えしました。

18日のオンライン講演会でも『年内発送は雪のため延期をしたい』と伝えてもらいました。

高知市内では雪が降ることは、まずありません。しかし、今年は例年にない『異常気象』ですから雪が降るのです。

年内に発送すると年末年始の贈り物と重なります。

異常気象でもあり交通はマヒします。

交通マヒから乱雑な取り扱いになってしまうと、大事な隕石や水晶にマイナスエネルギーが入ってしまいます。

ゆっくりと落ち着いた状態で梱包、発送してお届けしていただきたいです。

隕石の寄付は、まだまだ足りません。

危機を感じ必死な努力をしています。

お察しください。

一部の人が努力しても自然災害、人工災害を止められるものではありません。

隕石の投石、水晶の埋設は1人ひとりの力が結集されてこそ、成就していきます。

九州や沖縄に行けない人、行かない人、立ち上がってください。

海まで、海岸まで、車で半日かかる人も立ち上がってください。

一部の人が、同じメンバーで沖縄も行く、県の投石にも行くのではなく、九州や沖縄に行かない人が立ち上がって、自分の県に隕石投石と水晶埋設に行ってください。

『誰かがするだろう』という曖昧さはやめましょう！
これから大峠とも思う自然災害や人工災害が次々と襲ってきます。
高知市に真っ白な雪が降ったならば、『気象が完全に狂った』と思ってください。
真っ白な雪は誰の心にもある『純真な心の白さ』です。
しかし、雪溶けは寒くて、重くて、濁っています。

一人ひとりが立ち上がる努力を待っています。

【2022年12月17日】ジャガイモの茎を切る（村中愛の聞いたこと）
高知ではジャガイモ（春と夏に2回植える）を8月23日頃に植えますが、昨年はコロナに感染してしまったので、植え付けが1カ月遅れてしまい9月の終わりにジャガイモを植えました。

植え付けから1カ月経過しても、地熱が低いのか、気温が低いのか……、ジャガイモはほとんど芽が出ませんでした。

茎も小さく、葉も小さく、もちろん花も咲きませんでした。

引き抜こうと思った瞬間にメシアメジャーから『掘らないでそのまま冬越えをしなさい。寒さが厳しくなったら寒にやられるので茎も葉も根本から切って除けなさい』と言われました。

茎と葉がないまま冬を越せるのかな……

そして、昨年末の大雪は1週間も雪が積もったままで溶けませんでした。

そして恐る恐るジャガイモを掘ってみると……

茎も葉もないのにしっかりと大きくなっています。

茎と葉がないので親芋から栄養をもらったようで、親芋は小さく、黒くなっていましたがたくさんのジャガイモができています。

『霜や雪が降る前に、茎と葉を切り落とす』

【2022年12月19日】香淳皇后の話 ①

2022年11月29日、猿田彦大神から血書が届きました。
猿田彦大神から「浩宮《ひろのみや》に、天皇として人と共に祈りの場に出向いて欲しいとのお話をいただきました。

ですが、天皇の位にある間は公の場所にしか出向くことはできません。まして、祈りは人前でするのではなく、国家の為に天皇が籠って行うものが祈りです。
2022年12月22日に祈りの場にお越しくださいと言われても叶うものと叶わないことがあります。

ですが、エネルギーなら送ることはできます。

私をお呼びください。私が天皇のエレルギーを持って出向きます。時間と場所は口頭でお伝えくだされば私が参ります」とお言葉を香淳皇后が発せられました。


【2022年12月20日】來の森に集まる男性

《第一部》

2022年12月22日は來の森に登ってください。

男性5人で、出来るだけ水を持って登り、水を流してピラミッドの掃除をしてください。

ピラミッドを洗い終えたら、ピラミッドの頂点から水を流します。

ピラミッドは、置石で円状に囲まれているので、その内側に水が貯まるように急いで水を流します。

60代、50代、40代、30代の順に丸く円を描くように流します。

水を流し終えたら、

１０００年で起こした罪や穢れを詫びましょう。

そのあと、
未来への目標、
達成すべき目標、
目指すべき目標、
計画的で具体的な目標、
才能や能力開花への目標
を持って、

世界１４４、０００人の平和の祈りのご唱和をお願い致します。

世界１４４、０００人の平和の祈りの言葉

「母なる地球が誕生して46億年、
さまざまな自然現象の中でも

私たちは生かされてきました。
しかし進化とともに人類は
火を使い水を使うようになり
急激に戦いや争いを起こす人類となりました。
ここで、今、過ちを　悔い改めお詫びいたします。
助け合う未来、分かち合う未来
10年後　100年後　1000年後　3333年後と
つながる未来の子供たちに
愛と平和な日本と
戦いのない地球の未来を
祈り、誓います」

と全員で祈りを捧げてください。

これで來の森での祈りは終わりです。

《第二部》
海に亀のお詫び文を流しに行きます。

米1キロ、
大豆1キロ、
小豆1キロ、
酒一升、
水1リットル

を準備して持って行き、海に感謝の思いを込めて流します。

そのあと
世界144、000人の平和の祈りの言葉

「母なる地球が誕生して46億年
さまざまな自然現象の中でも

私たちは生かされてきました。
しかし、進化とともに人類は
火を使い水を使うようになり
急激に戦いや争いを起こす人類となりました。
ここで、今、過ちを　悔い改めお詫びいたします。
助け合う未来、分かち合う未来
10年後　100年後　1000年後　3333年後と
つながる未来の子供たちに
愛と平和な日本と
戦いのない地球の未来を
祈り、誓います」と全員で唱和し、終えたあとに海へ亀のお詫び文を流します。

《番外編》
女性や男性へのメッセージ
來の森に行けない人や海に行けない人は、誘い合って五台山に登り静かに祈りましょう。
山羊座に入りますから、少しでも高い所に登りましょう！

來の森も、海に亀のお詫び文を流すのも決められた人数だけで行きましょう。

他の人は五台山で待ちます。

終わったら合流して酒を交わすのも吉、
会話を楽しむのも良いでしょう。

【2022年12月21日】香淳皇后の話 ②
香淳皇后が再び話します。

「日本の情勢が厳しいと思うようになれば、宮内庁が愛子内親王を留学させます。

留学の目的は国際交流や国際感覚《かんかく》を身に着けることにより、皇室の一員として立派に皇室外交を務める為の教育です。

天皇陛下と同じく留学先はイギリスです。

大学ご卒業後は大学院に行かれていると思いますが……、隠された秘密《ひみつ》ごとがあります。

愛子内親王が留学すると決まったなら、『日本の変化、危機』の前兆ですから国民は要注意です。

危機の前には愛子内親王を守るためにも、日本の永続のためにも渡英《とえい》させます」


【2022年12月22日】虹を出しました

早朝に今日の結果を知らせるための虹を出しました。

今日のご神事、午前の部も午後の部も順調に進んでいたのでOKサインの虹を出しました。

來の森に登っていない、ピラミッドにも水を捧げていない、亀のお詫び文も流していないのに虹が出て、OKサインなのかと疑問に思う人もいると思いますが、すべてエネルギーであり、波動です。たくさんの人が祈りを捧げていました。またその祈りは無心で強かったので成就されます。

【2022年12月22日】亀のお詫び文

亀のお詫び文は今、深さ100~150mほどの海中をユラユラとゆれながらただよっています。

この深さに小さくなったプラスチックが漂っています。

このまま海底深く降りていくのか、今はわかりませんが、様子を見てみます。

亀のお詫び文が海底深くに流れないのは、みんなが心を込めてお詫び文を書き、折ってくれたから1番プラスチックが多く漂っている場所に止まってマイクロプラスチックを回収しているのです。

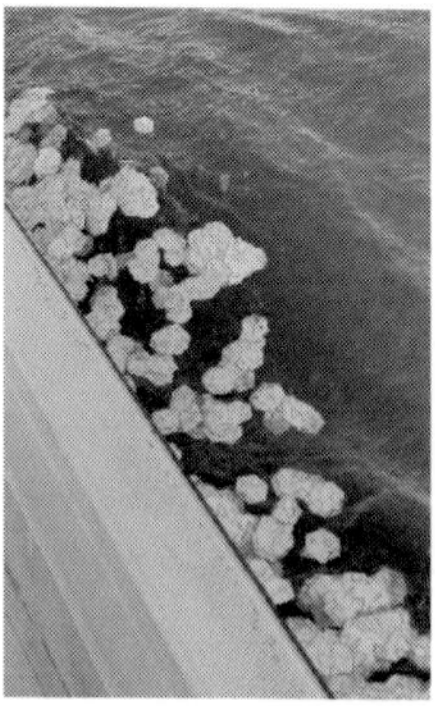

【2022年12月23日】雪で銀世界

2022年12月22日　新しい時代に入りました。すべてを白紙、白に戻すために南国土佐に雪を降らせます。

イエスキリストを語るなら雪が必要です。南国土佐でホワイトクリスマス。

どんな色（良きことから悪しきこと）が届いても元の色が白ならば、鮮明に染まっていきます。

しかし、雪は寒くて辛い。雪が凍ると滑るので大きなトラックやバスでも簡単に谷底に突き落とすことができます。

雪を見るのはきれいですが、残酷なことが起きる前兆と考えることも大事です。

【2022年12月23日】世策とモコッコとトキの会話

トキ：昨日の男性5人で祈った山の神事と海の神事はすごかった。沖縄で香淳皇后が話されたように皇室での神事に似ていた。

今から（2022年12月22日）3333年3月3日に向けて地球はシフトしていくんだね。

3333年3月3日までの間、地球はどうなっていくの？

するとモコッコも気になるのか、世策に聞きました。

モ：2018年イスラエルからもらってきた巻物、解読はその後どうなった?!

世：昨日、天皇のエネルギーをみんなで受け取り、新しい時代に入ったので、ここで再度『マタイの福音書24章』を伝えたいと思う。

すでに『マタイの福音書』を読んだ人は世界各国にいて〝世の終わり〟はどうなるのか、受け止める時期に入ったともいえる。私がイスラエルから来た河童なので、メシア（キリスト）の言葉ではないから、『マタイの福音書24章』を読んでもらえば既にイエスによって世の終わりが告げられている。

24章、25章には、

オリーブ山でイエスが語ったことが書かれている。

マタイはオリーブ山でイエスから直々に教えてもらった内容を記録として残しているんだ。

オリーブ山は、日本でいうと、地球135度線近くにある小豆島に似ているんだよね。

モ：マタイってイエスの弟子の12人の1人でしょ?!
確か、仕事が〝税金徴収者〟だから、真面目でどちらかと言えばみんなに嫌われていたんだよね。

世：そうだよ、真面目だったからしっかりとした記録が残っているんだよ！

トキ：でも、どうして1991年前の巻物を世策とモコッコはイスラエルまでもらいに行ったの?!
2018年に日本から88人でツアーに行ったんだよね。
世策はアブダット（砂漠の中にある聖なる泉）の洞穴に3本の巻物が隠されていたことを知っていたの?!

モ：その時は巻物があるとは知らなかった。メシアメジャーが愛さんにモーゼのお姉さんは洞窟の中に埋葬されていると話していたから、僕たちは洞窟の奥まで見に行った。洞窟の中は幾つも分かれていた。
幸助が飛んでいたら尻尾が壁に当たって崩れたので中を見たら巻物が数十本あって、上の

３本だけ取ってきた。

しかし、２０１８年の巻物を今、どうして必要なのか知りたい。

世：それはイエスが語った、『時の終わり』が近づき、『時の始まり』が始まったからなんだよ。


【２０２２年12月24日】イエスの誕生日
今日はイエスの誕生日（前夜祭）です。

地球上では、キリスト教を信じる22億人の信者が、主（キリスト）に感謝し讃えていることでしょう。

また、ケーキやプレゼントが欲しい子どもたち、若者たちがパーティーをしています。

イエスの誕生を祝っている人は地球上に60億人はいるでしょう。

ですが、私たちは決してイエスキリストだけを推しているのではありません。

イエスもブッダ（釈迦）も空海も地球の大事な場面で宇宙から降ろされた人と理解をしてほしい。

しかし、今日はまぎれもなくイエスの誕生日ですから、イエスにちなんで『マタイ福音書24章』を引用させていただきます。

24章は51編に分かれていますが、世策のもらってきた巻物の1つには『世の終わりが近づいて起こる現象』として以下のことが書かれていました。

マタイ福音書24章書物の中から 一部引用したものがありました。

3、（イエスが）オリーブ山ですわっておられると、弟子たちが「どうぞお話しください。世の終わりには、どんな前兆がありますか？」

4、人に惑わされないように気をつけなさい。

6、戦争と戦争のうわさとを聞くであろう。注意していなさい、あわててはいけない。それは起らねばならないが、まだ終りではない。

7、民は民に、国は国に敵対して立ち上がるであろう。飢饉が起り、また地震があるであろう。

8、しかし、すべてこれらは産みの苦しみの初めである。
9、人々は、あなたがたを苦しみにあわせ、また殺すであろう。
10、多くの人がつまずき、また互に裏切り、憎み合うであろう。
11、多くのにせ預言者が起って、多くの人を惑わす。
12、不法がはびこるので、多くの人の愛が冷えるであろう。
13、しかし、最後まで耐え忍ぶ者は救われる。
14、この福音は、すべての民に対して証をするために、全世界に宣べ伝えられるであろう。そしてそれから最後が来るのである。
16、(全国民)は山へ逃げよ。
17、屋上にいる者は、家からものを取り出そうとして下におりるな。
18、畑にいる者は、上着を取りにあとへもどるな。
21、その時、世の初めから現在に至るまで、かつてなく今後もないような大きな苦難が起るからである。
22、その期間が縮められないなら、救われる者はひとりもないであろう。しかし、選民のためには、その期間が縮められるであろう。
25、あなたがたに前もって言っておく。

29、その時に起る苦難の後、たちまち日は暗くなり、月はその光を放つことをやめ、星は空から落ち、天体は揺り動かされるであろう。
30、そのとき、人の子のしるしが天に現れるであろう。地のすべての民族は嘆き、そして力と大いなる栄光とをもって、人の子が天の雲に乗って来るのを、人々は見るであろう。
31、彼は大いなるラッパの音と共に御使たちをつかわして、天のはてからはてに至るまで、四方からその選民を呼び集めるであろう。
32、いちじくの木からこの譬えを学びなさい。その枝が柔らかになり、葉が出るようになると、夏の近いことがわかる。
34、よく聞いておきなさい。これらの事が、ことごとく起るまでは、この時代は滅びることがない。
35、天地は滅びるであろう。
38、洪水の出る前、ノアが箱舟にはいる日まで、人々は食い、飲み、めとり、とつぎなどしていた。
39、そして洪水が襲ってきて、いっさいのものをさらって行くまで、彼らは気がつかなかった。
42、だから、目をさましていなさい。

43、このことをわきまえているがよい。
44、だから、あなたがたも用意をしていなさい。

【2022年12月25日】自分なら……

自分に何ができるのか⁈
自分なら何ができるのか⁈
自分だから何ができるのか⁈

自分にしかできないこと
自分にしか考えられないこと
自分にしか繋げれないこと

自分もでき、人もできること
自分はできても、人はできないこと
自分は簡単でも、人には難しいこと

自分なら変化させられること
自分なら予想できること
自分なら動かせられること

自分なら未来を変えられる
自分なら過去を詫び変えられる
自分なら今日を生きられる

自分が動かせる人は何人
自分が止めることは何カ所
自分が変化させられる行為は何

【2022年12月26日】金山に行く

金山に行きますが、行く道中はどこにも雪がありません。
小川さんにも愛さんにも雪は高知市内だけ降ったのだと分かっていただきました。

イエスを語るなら生活の場所に雪がなければ語れません。

金山が静かになりました。数カ月間のにぎわい（アート）も消え静けさが戻ってきました。

そして、やっと石仏の丈に合った赤い衣ができました。

ですが……、石仏は何も語りませんでした。

【2022年12月26日】寒いと身体が痛い
人間の身体は温度や湿気で体調を崩してしまいます。
風、湿気、乾燥、熱、寒さ、火の6つです。正しい表現では『六陰の邪気』または『六淫の邪気』といいます。
今の時期ですと6つの中でも『寒』が辛くなります。

寒くなりますと、身体が痛みます。

特に古傷が痛みます。

寒さが増すと腎臓の働きが弱るので関節が痛みます。その原因は寒くなると筋肉が硬くなり、末梢血管が収縮するからです。

末梢血管が収縮しますと触感や痛感が、敏感になりますから余計な痛みにも反応をしてしまいます。

身体を冷まさないように、毎日の日光浴、散歩、お風呂、食事に注意をしましょう。

毎日の食事に納豆やもやしの豆類、豚肉などを多く食べると身体の痛みは改善されます。

【2022年12月27日】六陰の邪気
『六陰の邪気』または『六淫の邪気』を説明致します。
日本には四季があり、春・夏・秋・冬へと季節の移り変わりがあります。
また、人の身体も自然の一部と大きく関わっていますから四季の移り変わり、特に気候変化は気象病と呼ばれるほど影響があります。

今日は誰でも受ける『六陰の邪気』を説明致します。

【風邪】

今の時期ですと6つの中でも『寒』が辛くなります。

『寒』からくるのは風邪《ふうじゃ》、つまり病気でいえば風邪《かぜ》です。

寒さや気温差、ストレス、体調不良、睡眠不足などから誰でも起こす病気、風邪は『六陰』の代表的な存在です。

【暑邪】

盛夏から立秋に現れる暑さで暑邪《しょじゃ》といいます。身体から大量の水分を奪い、水分のバランスを崩して不調から起こる夏バテ、熱中症などを代表する存在です。

【湿邪】

夏の終わりから秋の半ばまでの時期で、湿度が高く気温も高い時に湿邪《しつじゃ》が現れます。特に身体の下部分に影響し、胃腸障害を起こし、むくみやだるさや身体の重みを感じ、病気とはまではいえないが病気ではないかと思うような症状が出ます。

【燥邪】

秋から冬に向かう時期、乾燥から身体に潤いがなくなります。乾燥から起こる現象を燥邪《そうじゃ》といいます。人の身体は乾燥から喉を痛め、皮膚の病気などさまざまな症状が出ます。単に水分不足ではなく、長期に潤いが減ると命まで奪う元となります。


【寒邪】

冬の寒さが影響しています。寒さから冷えに繋がり、体力低下や新陳代謝の低下が起こります。

寒邪《かんじゃ》と患者《かんじゃ》は同じ音です。

寒さを油断していますと病気になります。冷え、血行不良、痛みになりますのでくれぐれも注意が必要です。


【火邪】

体内の熱が高いと、火邪《ひじゃ》と呼び、別名を熱邪《ねつじゃ》ともいいます。身体が燃えるように暑い、全身が焼けそうに暑いことをいいます。脈が異常に早く、動悸や息切れをするのも同じく影響を受けています。腫れからくる熱、痛み、出血、精神障害も含まれます。

【まとめ】

気候変化、体調不良は病院での血液検査や尿検査だけでは結果として現れません。病気とは判断されないことが多々あります。しかし個人の訴えには必ず原因がありますから症状と時期を考え、じっくり焦らず身体と向き合うことが大事だと思います。

無理な治療や薬に頼るだけでなく、日々の日光浴、散歩、お風呂、食事、体操などからも軽減ができます。

【2022年12月28日】用意をしていなさい

24日に発信する『イエスの誕生日』と『世策とモコッコとトキの会話』のメッセージと、『マタイの福音書』を読んでいただければ、今後何が起きるか想像ができるはずです。

愛さんは先見させられるので回避できないことは苦しみになります。苦しみ、嘆くようなことがあれば、心のフォローをお願い致します。愛さんが黙ってしまう時は心が痛く辛い時です。

《イエスの誕生日メッセージの中から》

42、だから、目をさましていなさい。
（心や肉体が眠っていると人の苦しみがわかりません。災害（災い）が起きる前は心して気をはって気配りをしていなさい）

43、このことをわきまえているがよい。
（天変地変が間もなく始まると予感し、うろたえる事なく、起きることを知ってわきまえなさい）

44、だから、あなたがたも用意をしていなさい。
（心の苦しみも心の痛みも分かるように起きて目覚めていなさい。今、誰を守らなくてはいけないか……家族なのか、地域社会なのか、多くの人か……
大雨が降ったならば船が必要です。

火事が起きれば水が必要です。
雪が降れば除雪作業が必要です。
災害が起きれば食べ物と眠る場所が必要です。
人が無口になれば愛が必要です。
あなたがた一人ひとりが準備をしていなさい）

45番からキリスト（メシア）の再来になりますが、今はまだメシア再来には至っていません。

【2022年12月28日】久保さんの船
船が沈没した理由は2つあります。

1番の理由は、船を止める為のロープの結びが甘かった。ロープの結びがゆるかったので解けました。

2つ目は、船は数回軽く岸壁に当たりました。

そのあと、風に振られて静かに沈んでいきました。

まるで、人生を全うした老人のように、寿命を終えたかのように静かに沈んでいきました。

しかし、船とは違って久保さんにはまだまだ役目があります。小川社長と向き合い、意見を交わしながら会社の運営を見ていかなくてはなりません。

小川社長のそばにたくさんの同志や有志が集まって来ていても、久保さんあなたの力が必要です。

【2022年12月29日】5本の鍬クワ

どんな立派な農機具があってもガソリンがないと動きません。
一般的には、
混合ガソリンを入れるのは、刈払機（草刈機）やチェーンソー、
ガソリンを入れるのは、耕運機（トラクター）や自走式草刈機ですから、2サイクルエン

ジンは混合ガソリン、
　4サイクルエンジンはガソリンです。

しかしガソリンが簡単に手に入らない、または高価で買えなくなった場合はクワしかありません。

江戸時代や大正、昭和初期のように田んぼや畑で牛を使うことはできません。

今なら、必要なクワが買えます。

購入可能な今、大事な生活用品として購入しておきましょう。

災害の後に、田畑を耕す生活用品です。クワを種類別に持っておけば、お米や野菜が作れます。

『クワの種類』
○ジョレン（平らで面に水抜き穴が有るものが多い）……溝の土を上げる。畝《うね》を平らにする。

○備中鍬《びっちゅうくわ》（フォーク型で3本・4本あり）……
田畑を耕す。土を細かくする。
芋系の掘り起こしに使える。

○唐鍬（細長く硬い）……
畑や森林など硬い土地に使用する。整地や掘りおこしに良い。
タケノコ堀に適す。

○三角鍬（三角で先がとがっている）……
草取りに使用します。また種を植える時の溝を掘る。

○平鍬（長方形）……
畑を耕し整地する。土寄せ。水田にも使える。

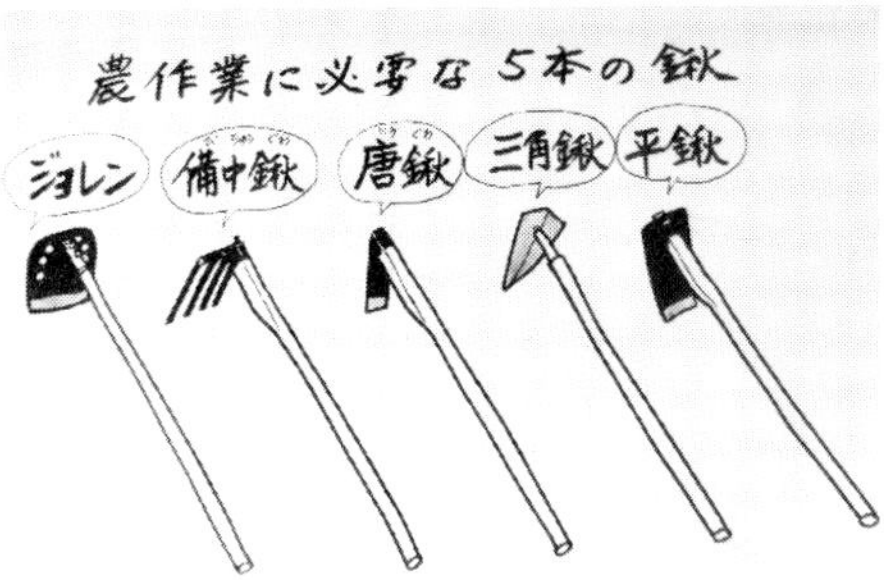
農作業に必要な5本の鍬
ジョレン
備中鍬
唐鍬
三角鍬
平鍬

【2022年12月30日】ふみくら会員への特典（村中愛の思い）

12月26日金山から帰って来て事務所に入るなり息子から「明後日から年末年始の休みに入るけど『ふみくら』のシルバー会員・ゴールド会員・水晶会員の特典、『お誕生日に受け取った過去のメッセージの1節』を送らなくてはいけないけどできている?!」と聞かれました。

忙しくて忘れていた……、聞いた瞬間に頭が真っ白になりました。

ゴールド会員さんの10万円相当の石は息子から聞いていたので選んでいましたが、メッセージのことは頭から完全に抜けていました。

「今からメッセージを集めて年内に出す」と答えましたが、1時間ほど、何をどうしたらよいのかわかりません。ただ自分に「落ち着こう、落ち着こう、大丈夫、大丈夫」と呪文のように繰り返し言いました。

そばで絵を書いていた岡松ちゃんが私に「愛さん、どうしたの、大丈夫？」と聞いてくれて、そして「社長と愛さんの話の内容はわかりませんが、何か手伝うことがありますか?!」

と聞いてくれました。

金山での祈りや道中のホンワカした心も一瞬で消え、何をしていいのか分からないまま内容を伝えました。

○シルバー会員・ゴールド会員・水晶会員さんの名簿を出す。
○シルバー会員・ゴールド会員・水晶会員さんの全員の生年月日を調べる。
○生年月日から全員のメッセージを探す。
○レターパックを買いに行く。
○住所を調べてレターパックに住所と名前を書く。
ここまでするのにどんなに早くても3日間かかり、睡眠時間は1日2時間だけ。でも緊張しているのか眠れなかった……。
年末の大掃除もできないまま、お手伝いしてもらえる人にはみんな来てもらい、ひたすらパソコンに向かい、
31日の『メルマガ』、

『九州・沖縄の報告とお願い』、『新年のメッセージと挨拶文』の文章を、自分がしなくては前に進めないので必死で打ち込みをする。

メシアメジャーからは、「メッセージは年末には届かない。お正月に届くので〝福贈りメッセージ〟を入れた方が喜ばれるよ」と言われました。

そんな馬力も与力もない。寝不足からか、手も足もこむら返りする。なのに、〝福贈りメッセージ〟まで増やすなんて……。

でも30日の午後にはすべて仕上がりました。

ゴールド会員さんの特典の石は、「隕石と同じで年末に出すのは止めて新年に送ると良い」とメシアメジャーに言われ、配送はやめましたがメッセージはすべて完了しました。

出来上がったことは最高に嬉しかったのですが、スタッフさんを年末まで振り回し、ボランティアさんにも必死で頼み来てもらいました。

自分の曖昧さ、無力さ、会社のオーナーとしても、またメシアメジャーからメッセージをもらうのも失格だと思いました。
達成感よりもみんなを振り回したことが辛かった。心が寂しい1年の終わりでした。

【2022年12月31日】1年の終わり（村中愛の思い）
今年最後の『メルマガ』も発信できて、『九州・沖縄の隕石投石、水晶埋設』のメッセージも〝愛と光〟、〝愛とつながる〟に投稿できたので、ひと段落つきました。
家に帰ってきた時はすでに夜になっていましたが、1年の無事を感謝し、年越しそばを主人と食べました。

台所の片付けも終わり、皆さまからのメールを読んでいると増岡尚美ちゃんからのラインが入っていました。40日くらい前に電話で話してから、その後ラインをしてもお返事がなかったので、久々のラインに喜んで開けたのに……
ご家族からのお返事で、訃報を知らせるラインでした。

村中愛様
初めまして、
私は、増岡尚美の家族の者です。

増岡尚美は
12月1日に永眠致しました。

連絡が遅くなりました事をお詫び申し上げます。
お世話になり、
ありがとうございました。

と、書かれていました。
新年になりましたので、誰にも告げず、連絡もせず、朝まで泣いてしまいました。
日高晴子さんと増岡尚美さんは一緒に海外ツアーにも行ってくれました。世界144、000人の平和の祈りも最初から頑張ってくれました。1年間に2人の死亡は辛すぎます。

★★★★　★★★★　２０２３年　★★★★　★★★★

【２０２３年１月１日】菜の花（アブラナ科）
節分に菜の花を、飾りましょう。

菜の花はたくさんの名前を持っています。
①菜《な》の花《はな》
②菜花《なばな》食用
③花菜《はなな》観賞用
④油菜《あぶらな》
⑤菜種《なたね》
⑥西洋油菜《せいようあぶらな》

食用、油用、観賞用の３種類に分けていますが全て同じものです。

菜の花の花言葉

明るさ、豊かさ、愛の強さ、財産維持、貯蓄

菜の花は大地に根を張ってしっかり立ちます。途中で茎が曲がっても花は上向きにしっかりと咲きます。

2023年、運気を上げる花は『菜の花』

1枚の紙に絵を書きます。絵はイラストや風景でもいいのですが、下に菜の花、中に桜、上に青い空、この3つを書き込むと運気は最高！

北面に貼って運気上昇します。

【2023年1月1日】神さまの一粒万倍日

人間界の一粒万倍日と同じく神さまの世界でも一粒万倍日があります。

一般的には一粒の籾《もみ》が何倍にも変化して大きく富をもたらす日といわれ、新規事や種まきなどスタートすることに最適とされる日です。

ただ、人間の社会とは違い神さまの一粒万倍日は年に5回しかありません。

毎年、神さまの一粒万倍日は同じ日で

1月1日・1月3日・2月3日・7月7日・8月18日の5回です。

本来ならば、神さまの一粒万倍日と人間社会の一粒万倍日が重なる数が多いほど吉祥が多いのですが、2023年は重なる日が1度もありません。

重なる日がないという事は2023年の経済は『厳しい』、また不安な出来事が多い年と考えます。

そこで、多くの人に不安なことを回避できる対策をお教えします。

神さまの一粒万倍日、

1月1日・1月3日・2月3日・7月7日・8月18日のいずれかの日に『金の鈴』を買って身近に持つと良いでしょう。

２０２３年は『金の鈴』を持ち、経済運、金運、社会運を上げましょう！！

【2023年1月2日】経済人は神社や寺に鈴を送る（2023年1月22日　講演会資料）

２０２３年の神さまの一粒万倍日と人間社会の一粒万倍日が重なる日はありません。重なる日がないという事は２０２３年の経済は『厳しい』と考えるべきです。

会社（個人・法人）経営をしている人、投資の仕事をしている人、執行役員以上の役職を持っている人など金融や経済に関わる人で心配な人は、

1月1日・1月3日・2月3日・7月7日・8月18日までに鈴を購入して、神さまの一粒万倍日に神社やお寺に寄進すると良いでしょう。鈴は神殿の中央でお賽銭箱の真上につるされている大きな鈴です。

寄進とは神社や寺に金品を寄付すること。特に２０２３年は神社やお寺に『鈴』の奉納をすると、神さまも仏さまもご先祖さまも大変お喜びになります。

【2023年1月2日】小正月の小豆粥
1月1日は大正月《おおしょうがつ》
1月15日は小正月《こしょうがつ》といい、1月15日までは松の日でお正月とみなされています。
昔の日本は月の満ち欠けから1カ月を満月・新月を基準として生活をしていましたから旧暦の1月15日に当たる日を正月、1年の始まりとして祝っていました。
赤い色の食べ物は邪気を祓うといわれ、家族全員にかかる邪気を小正月に祓い清め、今年1年の無病息災を願うために食べる食べ物が『小豆粥』です。
なので、小正月の『小豆粥』を『十五日粥』と呼びました。

（2023年1月22日）

【2023年1月3日】シリウス図書館に載っているご神宮・大社・神社名
今までに何社の神宮・大社・神社にご参拝されましたか⁉

すべての神社に参拝された方には、答えが分かるはずです。行かれた方にしかシリウス図書館に載っている謎が解けません。

一生に一度は81社すべての神宮・大社・神社にいかれますように節に願っています。

北海道、青森県、岩手県、福島県がシリウス図書館に記録されたのは遅いですが、神社の格式を示すものではありません。日本の神宮・大社・神社100選に北海道、青森県、岩手県、福島県は入っています。

1「加茂別雷神社《かもわきいかづちじんじゃ》」 分土命《わけつちのみこと》……京都府京都市北区
2「大神神社《おほみわじんじゃ》」 大巳貴命《おほなむちのみこと》……奈良県桜井市
3「牧岡神社《ひらをかじんじゃ》」 天兒屋根命《あまのこやねのみこと》……大阪府東大阪市出雲町
4「大鳥神社《おほとりじんじゃ》」 天種子命《あまのたねこのみこと》……大阪府堺市鳳北町
5「住吉大社《すみよしたいしゃ》」 中筒男命《なかつつたのみこと》……大阪市住吉区
6「敢國神社《あへくにじんじゃ》」 少彦名命《すくなひこたのみこと》……三重県伊賀市一之宮
7「都波岐神社《つはきじんじゃ》」 猿田彦命《さだひこのみこと》……三重県鈴鹿市一ノ宮町
8「伊射波神社《いきはじんじゃ》」 玉柱屋命《たまはしらのみこと》……三重県鳥羽市安楽島町

9「眞清田神社《ますみだじんじゃ》」 大明命《おおあかりのみこと》……愛知県一宮市真清田

10「砥鹿神社《とかじんじゃ》」 大巳貴命《おほみむちのみこと》……愛知県豊川市一宮町

11「事麻智神社《ことまちじんじゃ》」 大巳貴命《おほみむちのみこと》……静岡県掛川市八坂

12「富士山本宮浅間神社《あさまじんじゃ》」 木花開耶姫命《このはなさくやひめのみこと》……山梨県富士吉田市上吉田

13「三島神社《みしまじんじゃ》」 玉籤入彦闡嚴之事代主命《たまくしいりひこいつのこごしろぬしのみこと》……静岡県賀茂郡南伊豆町

14「寒川神社《さむかはじんじゃ》」 寒川比古命《さむかはひこのみこと》……神奈川県高座郡寒川町

15「氷川神社《ひかはじんじゃ》」 須佐之男命《すさのおのみこと》……埼玉県さいたま市

16「安房神社《あはじんじゃ》」 天太玉命《あまふごたまのみこと》……千葉県館山市大神宮

17「玉前神社《たまさきじんじゃ》」 玉崎命《たまさきのみこと》……千葉県長生郡一宮町

18「香取神宮《かどりじんぐう》」 伊波比主命《いわひうしのみこと》……千葉県香取市

19「鹿島神宮《かしまじんぐう》」 武甕槌命《たけみかづちのみこと》……茨城県鹿嶋市宮中

20「建部神社《たてべじんじゃ》」 日本武命《やまとたけるのみこと》……滋賀県大津市神領

21「南宮神社《なんぐうじんじゃ》」 金山彦命《かなやまひこのみこと》……長野県木曽郡木曽町

22「水無之神社《みなのじんじゃ》」 高照光姫命《たかてるひめのみこと》……岐阜県高山市一之宮町

23「諏訪神社《すわじんじゃ》」 建御名方富命《たけみなかたとみのみこと》……長野県諏訪市

24「貫前神社《ぬきさきじんじゃ》」 經津主命《ふつぬしのみこと》……群馬県富岡市一ノ宮

25　「二荒山之神社《ふたあらやまのじんじゃ》」　豊城入彦命《とよきいりひこのみこと》……栃木県宇都宮市馬場通り

26　「都々古和気神社《つ、こわけのじんじゃ》」　味耜高彦根命《あぢすきたかひこねのみこと》……福島県東白川郡棚倉町

27　「大物忌神社《おほものいみのじんじゃ》」　稲蒼魂命《うかのみたまのみこと》……山形県飽海郡遊佐町

28　「遠敷神社《をにふじんじゃ》」　彦火々出見命《ひこほほでのみこと》……奈良県奈良市雑司町

29　「気比神宮《けびじんぐう》」　仲哀天皇《ちゅうあいてんのう》……福井県敦賀

30　「高瀬神社《たかせのじんじゃ》」　大國主命《おおくにぬしのみこと》……富山県南砺市高瀬

31　「伊夜彦神社《いやひこじんじゃ》」　天香護山命《あまのかくやまのみこと》……長野県塩尻市宗賀平出

32　「渡津神社《わたつじんじゃ》」　五十猛命《いそたけるのみこと》……新潟県佐渡市羽茂飯岡

33　「白山比咩神社《しらやまひめのじんじゃ》」　伊邪那美命《いざなみのみこと》……石川県白山市三宮町

34　「気多神社《けたのじんじゃ》」　大巳貴命《おほみむちのみこと》……富山県高岡市伏木一宮

35　「美保神社《みほじんじゃ》」　三穂津姫命《みほつひめのみこと》……島根県松江市美保関

36　「籠守神社《こもりじんじゃ》」　底筒男命《そこつつたのみこと》……鳥取県東伯郡湯梨浜町

37　「出石神社《いずしじんじゃ》」　彦火々出見命八種神寶《ひこほほでみのみことやつかかんだから》……兵庫県豊岡市出石町

38　「宇倍神社《うべじんじゃ》」　武内宿禰《たけのうちすくね》……鳥取県鳥取市国府町宮下

39　「倭文神社《しどりじんじゃ》」　雨羽槌雄命《あめはつちおのみこと》……鳥取県東佐伯郡湯梨浜町

40　「出雲大社《いづもたいしゃ》」　大國主命《おおくにぬしのみこと》……島根県出雲市大社町杵築東

41 「物部神社《もののべのじんじゃ》」 宇麻志麻治命《うましまぢのみこと》……島根県大田市川合町川合
42 「由良姫神社《ゆらひめのじんじゃ》」 須勢理姫命《すせりひめのみこと》……島根県隠岐郡西之島町浦郷
43 「伊和神社《いわじんじゃ》」 大物主命《おほものぬしのみこと》……兵庫県宍粟市一宮町須行名
44 「中山神社《なかやまじんじゃ》」 金山彦命《かなやまひこのみこと》……岡山県津山市一宮
45 「戸隠神社《とかくしじんじゃ》」 天手力雄命《あめのたちからみこと》……長野県長野市戸隠
46 「吉備津神社《きびつじんじゃ》」 五十狭芹彦命《いそさせりひこのみこと》……岡山県岡山市北区一宮
47 「鳴無神社《おとなしじんじゃ》」 一言主命《ひとことぬしのみこと》……高知県須崎市浦の内
48 「嚴島神社《いつくしまじんじゃ》」 市杵島姫命《いちきしまひめのみこと》……広島県廿日市市宮島町
49 「玉祖神社《たまおやじんじゃ》」 玉屋命《たまおやのみこと》……山口県防府市大字
50 「海神神社《わたつみじんじゃ》」 豊玉姫命《ゆたかたまひめみこと》……長崎県対馬市峰町木坂
51 「日前神宮《ひのくまじんぐう》」 日前國懸大神《ひのくまくにかかすおおかみ》……和歌山県和歌山市秋月
52 「伊弉諾神社《いざなぎのじんじゃ》」 伊弉諾命《いざなぎのみこと》……兵庫県淡路市多賀
53 「大麻比古神社《おほあさひこのじんじゃ》」 津咋見命《つぐいみのみこと》……徳島県鳴門市大麻町坂東広塚
54 「田村神社《たむらじんじゃ》」 猿田彦命《さるだひこのみこと》……香川県高松市一宮町
55 「大山祇神社《おおやまづみじんじゃ》」 大山積命《おおやまずみのみこと》……愛媛県今治市大三島町宮浦
56 「高加茂神社《たかかもじんじゃ》」 味粗託彦根命《あじすきさくひこねのみこと》……奈良県御所市鴨神

57 「箱崎神社《はこざきのじんじゃ》」 應神天皇《おうじんてんのう》……福岡市東区箱崎

58 「高良玉垂神社《たからたまだれじんじゃ》」 武内宿禰《たけうちのすくね》……福岡県大木町絵下古賀

59 「宇佐八幡宮《うさはちまんぐう》」 應神天皇《おうじんてんのう》……大分県宇佐市南宇佐

60 「西寒多神社《せさむたじんじゃ》」 西寒多神命《せさむたのじんのみこと》……大分県大分市寒田

61 「興止日女神社《よどひめじんじゃ》」 神功皇后妹淀姫之命《じんぐくわうごういもうとよごひめのみこと》……佐賀県佐賀市大和町川上

62 「阿蘇神社《あそじんじゃ》」 健磐龍命《たけいわたつのみこと》……熊本県阿蘇市一ノ宮町宮地

63 「都農神社《つのうのじんじゃ》」 大巳貴命《おおみむちのみこと》……宮崎県児湯郡都農町川北

64 「鹿兒島神宮《かごしまのじんぐう》」 天津日高彦日々出見尊《あまつひたかひこほほでみのみこと》……鹿児島県霧島市隼人町内

65 「牧開神社《ひらききじんじゃ》」 鹽上老翁命《しほつちのおぢみこと》……鹿児島県指宿市開聞十町

66 「天手長男神社《あまのたながおじんじゃ》」 櫛明玉命《くしあかるたまのみこと》……長崎県壱岐市郷ノ浦町田中触

67 「和多都美神社《わたつみのじんじゃ》」 豊玉彦命《とよたまひこのみこと》……長崎県対馬市豊玉町仁位宇和宮

68 「波上神社《なみのうゑじんじゃ》」 伊弉册尊《いざなみのみこと》……沖縄県那覇市若狭

69 「幣立神宮《へいたてじんぐう》」 神漏岐命《かろきみこと》……熊本県上益城郡山都町

70 「賀茂御祖神社《かもみおやじんじんじゃ》」 賀茂建角身命《かもたけつのみのみこと》……京都府京都市左京区

71 「聖神社《ひじりじんじゃ》」 金山彦命《かなやまひこのみこと》……埼玉県秩父市黒谷

72 「神田明神《かんだみょうじん》」 大己貴命《おおなむちのみこと》……東京都千代田区外神田

73 「椿大神社《つばきおおかみやしろ》」 猿田彦大神《さるたひこおおかみ》……三重県鈴鹿市山本町
74 「石上神宮《いそのかみじんぐう》」 布都御魂大神《ふつのみたまのおおかみ》……奈良県天理市布留町
75 「宗像大社《むなかたたいしゃ》」 市杵島姫神《いちきしまひめのかみ》……福岡県宗像市田島命
76 「熱田神宮《あつたじんぐう》」 熱田大神《あつたおおかみ》……愛知県名古屋市熱田区
77 「伊勢皇大神宮《いせこうたいじんぐう》」 天照大御神《あまてらすおおみかみ》……三重県伊勢市宇治館町
78 「愛宕神社《あたごじんじゃ》」 天熊人命《あまのくまひとみこと》……京都府京都市右京区
79 「志賀海神社《しがうみじんじゃ》」 底津綿津見神《そこつわたつみかみ》……福岡県福岡市東区
80 「貴船神社《きふねじんじゃ》」 高龗神《たかおかみかみ》……京都府京都市左京区
81 「須《す》佐《さ》神社《じんじゃ》」 須佐能袁命《すさのうえんみこと》……島根県出雲市

【２０２３年１月４日】 韓国でのハロウィーン（２０２3年2月19日講演会）

昨年10月29日韓国ソウルでハロウィーン（31日）を前に集まった大勢の若者による密集場所で事故が起こり１５４人の死者が出ました。

人気スポットの繁華街で飲食店やクラブが密集した場所です。

2022年コロナウイルスの規制緩和が起きた直後の地下鉄イテウォンを出た場所に若者が10万人訪れました。

ハロウィーンですから多くの人が仮装しています。「押さないで、押さないで」と言っても顔の表情も仮装メイクからは危機感がみえません。

壁越しに場所から離れたり、飲食店に上手く入れた人は助かりましたが、154人の人が圧迫死されました。


圧迫死の多くは10代と20代の若者たちです。

確かに交通整理もなかったでしょう。

1時間で80件以上の人が緊急要請の電話を消防や警察に入れていますが、現場に救急車や警察がかけつけたときは、10万人もの人の壁で覆われていました。


ハロウィーンといえば、2，000年以上続く古代ケルト民の『秋の収穫祭《しゅうかくさい》』であり、新年にあたる『お正月』であったり、死後の世界の扉が全て開き先祖の霊が戻ってくる日本でいう『お盆の中日』でもあったりして、3つの意味があります。

仮装《かそう》するのは、先祖の霊や悪魔や魔女、さまざまな浮遊霊や救われていない魂を持った霊が人に取り憑くので、自分の身を守るために仮装するものです。

しかし、いつのまにか仮装することに楽しみを覚え、メイクや仮装は娯楽のためのコスチュームに変わってしまいました。

しかし、昔からハロウィーンは霊障が起きやすく、仮装してお菓子をもらいに来た子どもを間違って撃ち殺してしまう事故も後を絶ちません。

ハロウィーンは決して仮装して町を練り歩く為のイベントではないのです。

死者だけでなく、魔界の扉が開く10月31日の前夜祭、11月1日当日の前後1週間は魔界の扉が開き、閉じ込めている霊や魔物が動く日という本来の目的をしっかりと知って、カボチャやカブに穴を開け、ローソクに火を灯して死者を敬ってほしいと思います。

韓国の若者のそばには10万人以上の死者（霊）がいたことに気づかなかったことが大きな事故を招いた結果といえます。

【2023年1月5日】村中愛　負けるな

1月3日、村中愛がリビングで転んだ訳

昨年、日高晴子さんが9月にお亡くなりになり、12月に増岡尚美さんがお亡くなりになりました。

2人の死、村中愛にはとても寂しいことでした。

考えてはいけないと分かっていても寂しいもの。

考えても仕方ないこと。

だからハルさんが来て突き飛ばした。

考えて、頑張っても、救えない時もある。

だから、愛さんはハルさんに突き飛ばされたんだよ。「しっかりしろよ。自分も引っ張られて死んじゃうよ。

弱気になるなよ」って叱らせて突き飛ばされた。

突き飛ばされたら、立ち上がるからね。

だから人生は七転び八起き、生きるしかないんだよ。
辛くても、悲しくても、淋しくても立ち上がるしかないんだよ。
村中愛、負けるな！

【2023年1月5日】講演会で話してください
日本の神宮、大社、神社名81社がすべて出ました。1月22日の講演会で発表してください。
気にかかる人が御参拝に行かれます。
多くの人が参拝くださると波動が上がるのでありがたい。

【2023年1月5日】世界的にも穏やか
2023年1月1日、日本は暖かく、穏やかな元旦を迎えました。
暖かいお正月の3日間だったと思います。

ヨーロッパの国々では暖かいお正月というよりも異常な暖かさで、リビデンシュタインで20℃の高温、低いところでもラトビアで11・1℃という今までにない最高気温の記録を更新しました。

平均気温が15℃以上も上回り今の冬の時期では考えられない、〝初夏の陽気〟のように暖かくて穏やかな日でした。

しかし、過ごしやすく穏やかなイメージに思いますが、ヨーロッパ各国の平均気温が15℃以上の高温ですから異常気象といえます。

季節はずれの高温の大きな原因は『大きな高気圧』です。

ヨーロッパは昨年も異常高温でしたから単発的な高気圧が原因だといえなくなりました。

昨年はイギリスが観測史上最高気温40℃以上を記録しています。

インドとパキスタンでは5月に51℃になり、欧州やオーストラリアでは暑さが原因で山火事が何度も発生しました。

昨年6月、日本でも40℃に達した場所もありますから、温暖化の猛威は、今更ながら止まることをしらないといえます。

暖冬のお正月は楽でしたが、寒い時期に暖かいのは異常だと認識してください。

再び寒波が襲ってきます。

【2023年1月6日】3033年頃のお話

今から1000年後の地球はどのようになっているでしょうか?

1000年後の3033年から3333年ごろの日本人なら、誰でも以下のことはできるようになっています。

○異次元空間の移動は意志の力で自由自在にできます。

○肉体が痛むと遠隔操作で肉体を治すことができます。また、薬や医療関係者はほとんどいません。

○1トンの重さの石でも風を少し送れば石が木の葉のように軽くなって簡単に移動させることができます。

○幸福や不幸などの観念はなく、常に心は定まり起伏の激しさはありません。誰もが幸せです。

【2023年1月6日】エデンの園のリンゴ

神が人を作った時、2種類のリンゴを作りました。
試作Aのリンゴは『善悪の知恵の木の実』
試作Bのリンゴは『何も起こらない普通の木の実』

試作Aと試作Bの2つの選択がありました。

アダムとイブは男女で2人いるのですから、人にも選択があります。

試作A：食べる・食べない
試作B：食べる・食べない
アダム：食べる・食べない
イブ　：食べる・食べない

リンゴの木にも2択（4択）あり、
人間2人にも2択（4択）あります。

もともと食べてはいけないと言われていたアダムとイブは『善悪の知恵の木の実』を食べるつもりはありませんでした。なぜなら神の子ですから父である神の言いつけを忠実に守ったからです。

しかし、それでは人間が、

『考えて行動する』

『知恵も持たない』

『考え努力して進化する行動に移さない』

と考えた神は、ヘビを使いに出して食べるようにそそのかしたのです。リンゴを食べるようにヘビを使わせたのは実は神の慈悲心から起こったものです。

アダムとイブも突発的にリンゴを食べたのではなく、2人で考え、模索した結果2人は同時にリンゴを食べたので、決してイブがアダムをそそのかした訳ではありません。

本当に神が苦しみのない善人のアダムとイブだけお作りになって楽園で楽しく過ごさせるなら、わざわざ『善悪の知恵の木の実』は必要なかったはずです。

神はアダムとイブに考える知恵を授けました。

その後に生まれてきた人間にも、善悪の意識、善悪の知恵、善悪の行動が取れるように考えて作られたのが『善悪の知恵の木の実』です。

そして、今２０２３年より２０３３年まで10年かけて助走期間を経て、あとの２０３３年から１０００年があえて実を食べさせた神の願い、本質に向かう『善悪の知恵の道』が始まりました。

【２０２３年1月7日】こにゃん太の方向

こんにちは、金運担当猫のこにゃん太です。
２０２２年たくさんの人に私の分身を作っていただきありがとうございました。
私は毎日、父にゃん太の教えを守り皆さまのおそばで金運上昇を祈っています。

昨年私は東南に向いて座っていました。
しかし、今年の２０２３年2月3日、節分からは東に向きを変えて座ります。皆さま方向を東南から東に変更してください。

私は東向きに座り、あなたに太陽の光を当ててあげましょう。

ご自宅や会社に置いているこにゃん太が光った!!

または金色の置物が光った時は近くに神さまが来てくださっていますから神さまにお話をしてください。

神さまにお話する内容は、

『今まで1番楽しかったこと』

『今まで1番お金が入った時のこと』

『今まで1番幸せと感じたこと』


3つの中より選んでお話をしてください。

神さまは、人間のお話を聞くのが大好きです。


私はあなたの会社や家に時々、おじゃまして座っています。

時々ライト（電気）や太陽に関係なく光っているのですが、皆さまは気づいてくれません。

今年はぜひ私や神さまを意識してみてください。

金運を昨年より上げたい人は、座布団を変えてください。

緑の座布団です。

緑は活気盛んな色です。

緑の座布団の上に、こにゃん太とお供に石のウサギと石の亀をツインで置いてください。

左がウサギで右が亀です。

ウサギは跳ねるので躍進《やくしん》して進みます。

ウサギは跳ねるので厄神《やくしん》を跳ね除けます。

亀は進むので確実《かくじつ》です。

亀は進むので進歩《しんぽ》します。

【2023年1月7日】飛行機に乗れた（村中愛がみたこと）
専門学校に通う孫と高校生の孫の2人がお正月休みで高知に帰省しました。

帰省中の三日間は楽しく遊び、また自宅へと帰ることになりました。

飛行機の出発は15：40で、まだ4時間もありましたから、道中で買い物をして、食事もして、空港に1時間前に到着する予定でした。

食事をほぼ終え、デザートを注文した時、孫がチケットを出して座席の確認をしました。

その時、孫が、「あれ?! 飛行機の時間13：20になっている」と言うのです。

「そんなことないよ。15：40でしょ!!」と言いながらチケットを見ると13：20です。

「今、何時?」と聞くと「12：44」と答え……、
デザートを断り、会計を終えてレストランを慌てて出た時はすでに13：09でした。

飛行機のチケットは、最初は15：40で取り、家族にも知らせていましたが……、明るい時間に帰宅ができるように、出発時間を早い便に変えていた事をすっかり忘れていたのです。

高知市内から高知龍馬空港に行くには最低でも30～40分かかりますからもう完全にアウト

です。

孫がANAに電話しても、チケットを買ったところに電話しても通じず、
私は、ただただ車を走らせました。

空港の駐車場に止めた時は13：30でしたから、10分前に飛行機は飛んでいます。

遅れているので、ゆっくり歩き、
ANAのサービスカウンターに遅れた説明をして、次の便に乗せてもらうつもりでチケットの変更をお願いしたら……

「まだ、飛行機が飛んでいませんから乗れます」と言われ、時計を見ると13：45。

2人の孫と会話する間も、握手する間もないまま、横の入り口から入れてもらい、飛行機の中に入っていきました。

飛行機が待ってくれていた……⁉

市内から15分で空港に着く……⁉

不思議な新年の幕開けでした。

【2023年1月8日】恵方巻きの芯

2月3日節分に食べる恵方巻きについてお話をします。

恵方巻きの芯を見てください。
恵方巻きの芯に干瓢《かんぴょう》が入っていますか?!

干瓢が入っているものを食べてください。

お金を貯めるにはお腹に力を入れます。お腹に力が入ると必然と貯まってきます。

多くの人の腸が汚れています。
宿便が溜まっていて、腸が臭いです。

お金を動かす、お金を使う、お金をもらう、お金を貯める、お金が欲しい人は、お金を洗うと同じように、腸の中も洗いましょう。

腸のお掃除、モップの役をしてくれるのが干瓢です。

ぜひ、節分の恵方巻きに干瓢が入ったものをお求めください。
そして干瓢を食べて腸の掃除をしてください。

お金は汚い部屋、汚い身体、汚い心を嫌います。

【2023年1月8日】お金の洗い方
金運担当猫の、こにゃん太です。
御利益に『金運』『蓄財』『銭洗い弁財天』と書かれている神社に行って、参拝している皆さまのお話を聞いてきました。
まとめると以下の内容でした。

《お金を洗う理由を教えてください》
○お金を洗うと金運、財運が上がる。
○小銭の積み重ねがお札《さつ》になるので感謝して小銭を洗うと大きなお札になって戻ってくる。
○清水、聖水でお金を洗うとお金が何倍にもなって戻ってくる。
○お金を洗って大事にするとお金が倍になって戻ってくる。
○お金を洗ったあと、『お帰りなさい』と声をかけるとお金が友達を連れて帰ってきた。
○小銭を洗って皆さまに配ると数倍になって帰ってくる。
○霊水で洗うと商売繁殖してお金が入ってくる。
○湧水で洗ったら宝くじが当たった。

《お金を洗いに行くと良い日はいつですか?!》
○巳の月。
○巳の日。
○巳の月の巳の日。
○一粒万倍日。

《お金の洗い方を教えてください》
○ロウソクと線香に火を灯して祈った後、ザルにお金を入れて、ひしゃくで3回『銭洗水』をかける。
○コップ3個に水と粗塩を入れて、お金を入れたザルをゆらしながら、3回コップの塩水をかける。
最後に水道水で強く流す。
いつもありがとうとお礼を言う。
○水を流して洗う。
○ピカピカになるまで磨く。

《洗ったお金はどうすればよいですか？》
○洗ったお金は有意義に使う。
○半分使って、半分財布に入れて置く。
○半分使って、半分を友人に配る。

では、メシアメジャーに聞いてみましょう。

【2023年1月9日】お金についてメシアメジャーからの返事

○小銭は金塊《きんかい》の子どもと捉え大事に使います。

○小銭、お札にかかわらず、お金には人の妬みや穢れがついています。新札以外のお金は時々洗うことをお勧めします。

○お金を洗うのに適した日

辰の日・巳の日・給料日を含む、金銭が入った日から1週間以内。

辰の日と巳の日の説明

語呂合わせですが、辰《たつ》の日（お金が立つ日）巳《み》の日（お金が実る日）と考えると良いでしょう。

干支は12日ごとに1回まわってきますから金銭が入った後の辰の日か巳の日に洗うと良いでしょう。

給料に小銭がない、すぐ現金に変えてない場合は給料日後に、持っているお金を洗うと良いでしょう。

辛巳《かのとみ》の日はお金を運んでくれる龍神さまに縁のある日です。

龍神に乗って弁財天が60日に1回、地上に降りてきます。

龍神に乗った弁財天は鈴の音や金銭を洗う音色が好きです。音色に誘われて近くまで寄って来ていますから年に6回まわってくる日を大運と呼んでいます。

2023年は辛巳《かのとみ》の日
1月23日（月）九紫火星　友引
3月24日（金）六白金星　仏滅
5月23日（火）三碧木星　先勝
7月22日（水）一白水星　仏滅
9月20日（水）四緑木星　先勝
11月19日（日）七赤金星　仏滅

己巳の日に神社にお金を洗いに行くと最強です。

しかし、遠い神社まで無理矢理行くよりも自宅の水道水で洗っても心を込めれば大丈夫です。

○お金の洗い方

①お金の神さまにご挨拶
「お金の神さま、お預かりしていますお金を洗わせていただきます」

②竹のザルにお金を入れる。

③左回りで５回ザルを回す。右回りに３回ザルを回す。左回りに３回まわす。

④上下に軽く振り、水分を切る。

⑤持参しているきれいな布かペーパーできれいに拭く

⑥数分太陽に当て、陽の気をお金に入れる。

⑦お金の神さまにお礼を言って終了です。

☆お金を入れたザルをまわす理由
左回りに５回まわすのはお金に着いているマイナスエネルギーを水で流して捨てる。

右回りに３回は、お金に入っている陽の気（プラス）を、水を使って滝昇りのように強く上げていく。

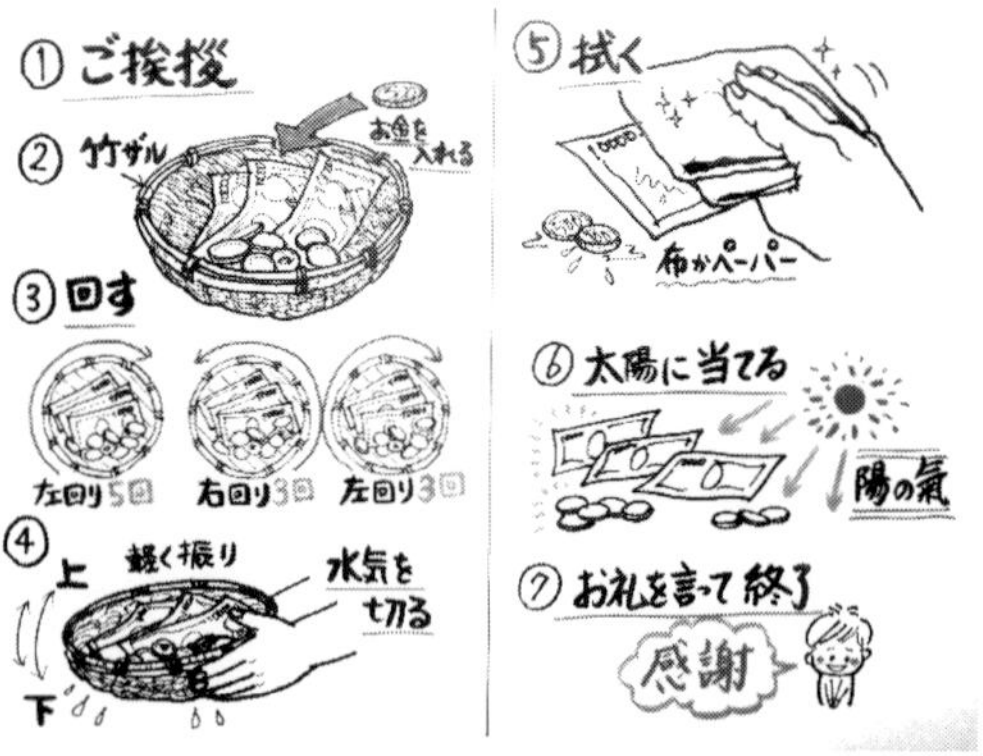
①ご挨拶
②竹ザル
お金を入れる
③回す
左回り5回
右回り3回
左回り3回
④
上
軽く振り
水気を切る
下
⑤拭く
布かペーパー
⑥太陽に当てる
陽の氣
⑦お礼を言って終了
感謝

☆滝登り↓多気登り
左回りに3回はマイナスとプラスの気のバランスを合わす。

【2023年1月9日】SOSのサイン

夏は脱水症を気にして、お水を意識的に飲む人が多い。しかし、冬場は寒さを感じて水を飲まない人がいます。

特に夜中に何度もトイレに行くのが嫌だと思いお水を控える人もいます。
今は乾燥している時期です。乾燥している時期だからこそお水を飲まないと体調を崩してしまいます。

人間の身体は、体重の2%の水分を失うと喉の渇きを感じます。
『喉が乾いた、水を飲もうよ』と脳が指令を出します。また、喉がいがらっぽくなる人もいます。

そのまま水を飲まずに体重の5％の水分を失うと熱中症になり脱水症状を起こします。20％の水分を失うと意識障害を起こし、痙攣を起こして死に至ります。

『喉が渇いた』と脳から指令を受けたなら、水を小まめに飲まなくてはなりません。喉の渇きはコーヒーやビールではダメなので、しっかりと水を飲むことです。

肌がカサカサする、肌に潤いがない、頻繁に喉が渇くなら指令からSOSサインに代わっています。

乾燥しています。乾燥している冬場の水分補給は、脳梗塞、心筋梗塞を防ぐことができるのです。

コロナワクチンを打っている方、お白湯を飲んでください。『喉が渇いた』と思うときは、すでにSOSサインです。

BA-5（オミクロン株）から変異したBF-7（ミノタウロス）とコロナとインフルエンザが合体したBQ-1.1（ケルベロス）が流行しはじめました。

ＢＱ－1.1（ケルベロス）とＢＦ－７（ミノタウロス）での死者は少ないですが感染力が強いので注意してください。

死者が多くなる原因、不明な病気、脳梗塞や心筋梗塞やガンになるのはコロナワクチンが原因です。

ワクチンを接種した人もワクチンを摂取していない人も同じように感染しますから注意してください。

【２０２３年１月10日】整いました（村中愛の思い）

昨年の12月22日『整いました』と、短いメッセージが届きました。

昨日も『整いました』とメッセージが届きました。

２回もメッセージが届いたのに、続きがありません。

だんだんと気になるようになりました。

『人が整った?』、『お金が整った?』、『時が整った?』、どんな内容なのか、何一つ解りません。

【2023年1月10日】悲しみの中に

悲しくなるほどたくさんの人がコロナワクチンを打ってしまいました。

悲しくなるほどたくさんの人がコロナワクチンを打って、後遺症で悩んでいます。

悲しくなるほどたくさんの人がコロナワクチンを打って、帯状疱疹やヘルペスなど皮膚疾患で悩んでいます。

悲しくなるほどたくさんの人がコロナワクチンを打って、歩行困難になり生活に支障をきたしています。

悲しくなるほどたくさんの人がコロナワクチンを打って、原因不明の症状が出て苦しんでいます。

悲しくなるほどたくさんの人がコロナワクチンを打って、脳梗塞や心筋梗塞やガン患者になっています。

悲しくなるほどたくさんの人がコロナワクチンを打って、病気になり多くの人は、進行が進んでいます。

悲しくなるほどたくさんの人がコロナワクチンを打って、ガンに侵され、見つかるとステージ4まで上がっています。

悲しくなるほどたくさんの人がコロナワクチンを打って、いまだ治療法がありません。

悲しくなるほどたくさんの人がコロナワクチンを打って、自己免疫が下がりました。

悲しくなるほどたくさんの人がコロナワクチンを打って、自分の持っている自己免疫が破壊されています。

悲しくなるほどたくさんの人がコロナワクチンを打って、心も体も不調を起こし、悪玉菌が善玉菌を排除しています。

悲しくなるほどたくさんの人がコロナワクチンを打って、亡くなっていきます。亡くなった後、自分の死亡原因を知り、霊界で涙を流しています。

悲しくなるほどたくさんの人がコロナワクチンを打って……

【2023年1月10日】日本には薬草があります

今年最初のメッセージでお伝えしたように草木の力は最高です。
日本人は縄文時代から草木で生かされてきました。

○春の七草…　1月7日　七草粥

・セリ
・ホトケノザ
・スズナ（カブ）
・ナズナ（ぺんぺん草）
・ハコベラ（はこべ）
・スズシロ（大根）
・ゴギョウ（母子草）

春の七草は『食用』です。

○秋の七草…〝お好きな福和〟お・す・き・な・ふ・く・はと覚えます。
・おみなえし
・すすき
・ききょう
・なでしこ
・ふじばかま
・くず
・はぎ
秋の七草は『食用』ではなく、『薬草』です。

○冬の七草（冬至の七草）
・なんきん：南京（かぼちゃ）
・れんこん：蓮根
・にんじん：人参
・ぎんなん：銀杏
・きんかん：金柑

・かんてん：寒天
・うんどん：饂飩（うどんのこと）
冬の七草は、来年に『運』を送るために食べるものです。


春に食べることで身体の毒素を除ける。

ユキノシタ・ヨモギ・イタドリ・ツクシ・ドクダミ・フキノトウ・フキ・タラノメ・セリ

お茶にして飲む
ウマブドウ・クズ・マツ・ドクダミ・マコモ・クワ

身近にある野草
ミツバ・シソ・オオバコ・キクイモ・ムカゴ

野草には毒を持つものもあります。

安易な覚え方はせず、見識ある人に確認してもらい、正しく食べることが望ましい。また、放射能がかかった薬草は食べてはいけません。

【2023年1月11日】悪石島

沖縄、九州行きの申込人数が止まっています。

もっと声かけをお願いします。

地震が起きそうな島に皆さまをお連れすることは出来ないので小川さんを含め2～3人の男性だけで危ない場所に行ってください。

鹿児島から船に乗って隕石を投げながら島を渡ってくだされば良いのです。もしものことがありますから、一般の皆さまを危ない場所には行かせられません。今選んでいます与那国島、小浜島、石垣島、久米島、慶良間諸島、与論島、奄美大島、沖縄本島、南大東島、宮古島、伊良部島、竹富島、西表島、屋久島、座間味島はほとんど安心な場所ですからね。

危ない場所は外しています。

小川さんや岡村さんはどんな場所に行かれても大丈夫ですので、行くまでに陰陽のエネルギーも波動調整もできます。行く場所には人選が大事です。

全員が希望を出した島や場所には行けません。エネルギーが合わない場所、波動が合わない場所に行くとエネルギーが下がります。場所を踏むことで病気、ケガ、争いに巻き込まれる場合がありますから、避けなくてはなりません。

その時は、そっとお伝えしますから。

【2023年1月11日】ウサギと亀

卯年の人にお伝えします。

干支のウサギの水晶を買いなさい。

ウサギと亀を揃えなさい。


ウサギは年中、口を動かし食べています。食べて終わればねてしまいます。

2023年は暴飲暴食を控えると良いでしょう。また、時間を決めて食べる、ついつい食べ過ぎに注意が必要です。また温厚で優しい性格の人も多いですが裏を返すと優柔不断で決めることが遅いこともあるので2023年は早めの判断、早めの決断が良いでしょう。


同時に、ウサギには亀という相棒が必要です。少しゆっくりではありますがしっかり、着実に前に進む、亀をお勧めします。

２０２３年のウサギ年の人は、寝付かないためにも亀を側に置くと良いでしょう！


【２０２３年1月12日】アイラブストーン12周年
２０１１年にアイラブストーンがオープンして12周年目に入りました。

経営難で心配した時もありましたが、家族が仲良くがんばっている姿に私たちも安堵しています。

日本も他国もこれから大変な時期に入っていきますが、不安ばかり考えると先が暗くなります。

私たちはアイラブストーンが11周年を超えるまでとても心配しましたが、12周年目に入りましたからもうこれから先は大丈夫だと思っています。

自然現象の変動は人間の力で簡単に変えられるものではありません。返済や維持や存続を考えると不安になると思いますが、それはアイラブストーンだけの問題ではありません。世界情勢ですから不安に思わず、今のまま努力をしてくれれば何の心配もありません。返済を心配するよりも先ずは今、何を販売して人を喜ばせるかを真剣に考えてほしいと願っています。

【2023年1月13日】コロナワクチン
新型コロナワクチンを3回まで接種した人は1月10日現在で85、352、615人になりました。

4回までコロナワクチンを打ち終えた人は55、575、807人です。

あなたはこの数を見て多いと思いますか、または少ないと思いますか？

累計で見ますと3億7324万回になります。

あなたはこの数を見て多いと思いますか、または少ないと思いますか？

4回までコロナワクチンを打ち終えた5557万人の人数の中で約250万人の人が8年以内にお亡くなりになると思います。

何度も伝えたように、心筋梗塞や脳梗塞などの血栓は突然に起こります。
また、同じくガンも突然発見され、見つかった時はステージ4の診断を受けます。
そして、治療もできないままお亡くなりになります。

私たちは2023年桜の開花宣言が全国に出た5月末には、ある程度のめどが立つと2019年1月に伝えました。約3年で終結をすると伝えました。
しかし私たちの想像以上にコロナワクチンやインフルエンザワクチンを人間の手で作り続けていく限り、新種の変異株を作り続ける限り、イタチごっこですから集結はあり得ない。

【2023年1月14日】鈴とは

鈴の字は金と令の字が重なってできた文字です。
鈴の字は「レイ」「リン」「すず」「リョウ」と呼びます。

部首は、金部で「金《きん》」や「金《かね》かね」とも関わりがあります。

鈴は中国では古来から楽器として種別されているといわれていますが、日本でも古来より神さまに奉納する楽器の1つとして考えられていました。

日本では、自然の中にある物を叩き、音を出して祭りごとをしていましたから単に中国から渡ってきたとは考えられず、日本独特のものと考えても良いと思います。

木…木琴
土…土笛
金…鈴、銅鑼どら
石…石琴、笛
糸…琴
竹…竹笛、笙
野菜…ひょうたん
皮…太鼓
また、歌や踊り、手拍子も合わせて奉納することもありました。

音を鳴らし祈りの始まりと終わりに場を清め、整え、神聖なる浄化の場所を作る事も大事な役目の1つです。

【2023年1月15日】参拝で鈴を鳴らす
神社で鈴を鳴らすのは、参拝する人の気持ちを整えるための行為です。
神さまの前に立ち、ご挨拶する前に鈴で身を祓い、清めをいたします。

作法として、
鈴を片手ではなく両手でしっかりと待ち、横に振るのではなく（横に振ると音はでない）
鈴を両手で持って上下に振ることによって音が出ます。

鈴を鳴らす場合、お賽銭箱と鈴の位置をみて確認します。
お賽銭箱が手前にあればお賽銭を先に入れてから鈴を鳴らします。

鈴がお賽銭箱よりも手前にあれば先に鈴を鳴らします。

【2023年1月16日】 話さなくてはなりません

2月3日節分を迎えると完全に2023年の四緑木星、癸卯《みずのとう》がはじまります。

話さなくてはなりません。

2023年の大事な話を……、

2023年の日本経済を、

2023年の日本の災害を、

2023年の気になる出来事を、

大事なお話をするので、2月5日に高知で開催予定の30分間のオンライン講演会は中止して、2月19日の講演会に向け集中しましょう。

大事なお話をします。今伝えなくてはなりません。

回避しなくてはいけないこともたくさんあります。今なら、まだ間に合いますから……。

【2023年1月17日】猫に鈴、鈴と小判

昔、蔵や倉庫に住みついたネズミを駆除するために猫を飼うようになりました。

猫がネズミを捕まえることから、ネズミたちが話し合いをして猫に鈴をつけようと決めました。

猫に鈴をつけるのは猫のためではなく、ネズミたちが天敵である猫の居場所を知るために、猫の首に鈴をつけようと画策するイソップ物語の本がもとになっています。

実際、ネズミたちは怖くて猫に鈴を付けることはできないので、転じて「すばらしいアイデアでも実行できなければ意味がない」という意味の例えでも使われています。

しかし、ネズミは病気を媒介《ばいかい》することが多く、飼い猫がネズミを捕まえることを恐れ、猫の首に鈴を付けて、鈴の音を聞いただけでネズミが逃げ出すようにする、という役割もあるようです。

そして、猫に鈴は定着していますが、

『猫に小判』というお話もあります。

猫に小判を与えても、価値を知らない猫にとって、どんな立派なものでも価値がわからなければ何の値打ちもないという意味です。

シリウス図書館には少し違った内容が書かれています。
猫が価値を示さない物（小判）でも、大切に胸に持っていると愛着ができます。

愛着が持てると大事にするようになります。
大事にするようになると価値を見いだします。

価値を見いだすと集めようとしはじめます。
集めだしますと価値を調べ研究し始めます。

調べ研究し始めますと高価さに気づきます。
高価さに気づきますと増やそうとします。

増やそうと思った瞬間から小判（お金）は一層貯まりはじめます。

最初は価値を知らなかった猫でも小判は宝になりました。

また、日本の江戸時代、屏風に銀泥を塗った猫の置物と金泥を塗ったネコの置物を置きました。

そして、金猫や銀猫を飾ったお店が繁盛したということから猫の置物を置くようになったという話が載っています。

村中 愛（むらなか あい）**プロフィール**

1954年9月1日、高知県で生まれる。高知県で育ち、ごく普通の専業主婦として過ごしていたが、1987年からメシアメジャー（プレアデス星団の7人グループ）からメッセージが届くようになり、現在も記録を取り続けている。

メシアメジャーからのメッセージにより、56歳から高知県で浄化専門店「アイラブストーン」の経営を開始。

3年後には川越店をオープンし、店頭でパワーストーンの販売をするかたわら、個人の悩み・家相・土地・会社の相談も受け付けている。

2016年、還暦を機に講演活動も開始。

※村中愛メールマガジン『愛の便り』

メシアメジャーの最新メッセージやここ最近のことをメールマガジン形式で月4回発信しております。

詳細やお申込み方法などはホームページから　http://ilovestone.net/

アイラブストーン 高知本店

〒780-8040 高知県高知市神田1038-1　TEL：088-831-0711
mail : mail@ilovestone.net
営業時間　10:00 ～ 17:00
定休日　毎週木曜日

アイラブストーン 川越店

〒350-0061 埼玉県川越市喜多町1-15　TEL/FAX：049-298-7613
MAIL：kawagoe@ilovestone.net
営業時間　10:00 ～ 16:00
定休日　毎週木曜日・不定休

愛乃コーポレーション

〒780-8040 高知県高知市神田1035-1　TEL/FAX：088-881-6193
営業時間　10:00 ～ 16:00
定休日　土・日・祝日（臨時休業有）

『おわりははじまり
宇宙の母 私の半生』豪華版
村中 愛　自叙伝
本体 55,000 円
愛のコーポレーション

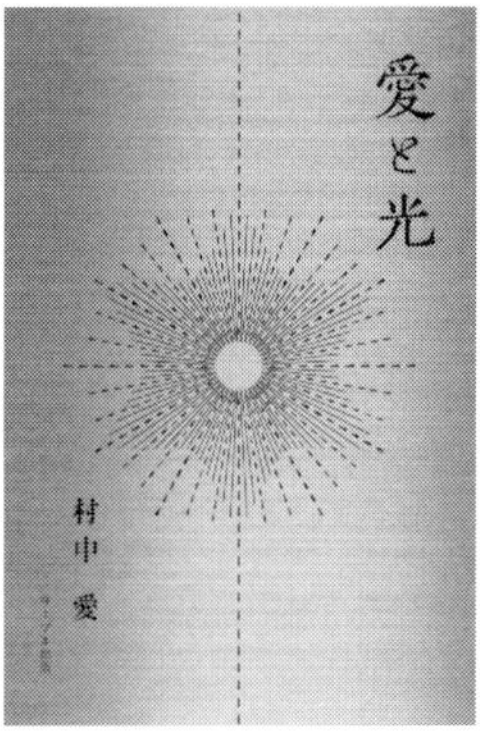

『愛と光』
著・村中 愛　四六判
ソフトカバー
無料　リーブル出版

『メシアメジャーが語る
身体の教科書』
著・村中 愛　A4 ハードカバー
本体 122,226 円（税込）
リーブル出版

『おわりははじまり
宇宙の母 私の半生』通常版
村中 愛　自叙伝
本体 13,500 円
愛のコーポレーション

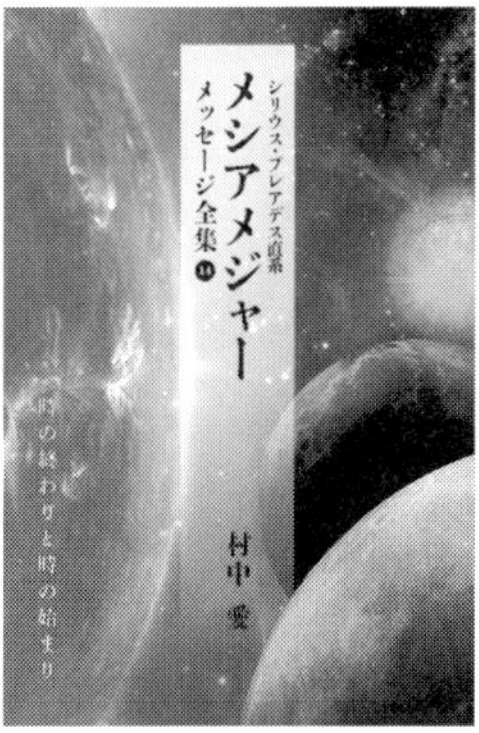

『シリウス・プレアデス直系
メシアメジャーメッセージ全集 14
時の終わりと時の始まり』
著・村中 愛　四六判
本体 3,300 円（税込）
リーブル出版

『シリウス・プレアデス直系
メシアメジャーメッセージ全集 13
時の終わりと時の始まり』
著・村中 愛　四六判
ソフトカバー
本体 3,300 円（税込）
リーブル出版

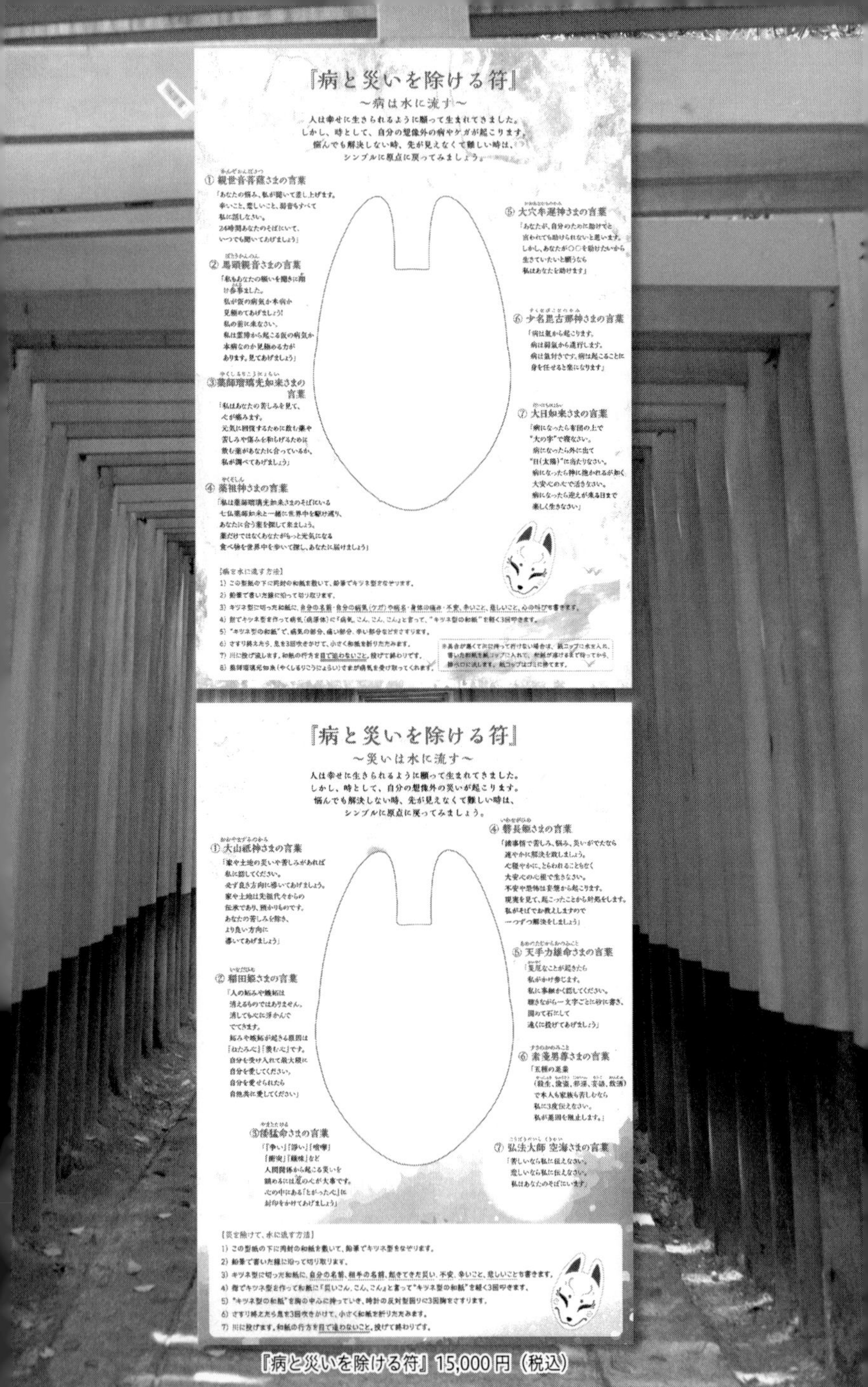
『病と災いを除ける符』
〜病は水に流す〜
人は幸せに生きられるように願って生まれてきました。
しかし、時として、自分の想像外の病やケガが起こります。
悩んでも解決しない時、先が見えなくて難しい時は、
シンプルに原点に戻ってみましょう。
① 観世音菩薩《かんぜおんぼさつ》さまの言葉
「あなたの悩み、私が聞いて差し上げます。
辛いこと、悲しいこと、弱音もすべて
私に話しなさい。
24時間あなたのそばにいて、
いつでも聞いてあげましょう」
② 馬頭観音《ばとうかんのん》さまの言葉
「私もあなたの願いを聞きに馳け参じました。
私が仮の病気か本病か
見極めてあげましょう!
私の前に来なさい、
私は霊障から起こる仮の病気か
本病なのか見極める力が
あります。見てあげましょう」
③薬師瑠璃光如来《やくしるりこうにょらい》さまの言葉
「私はあなたの苦しみを見て、
心が痛みます。
元気に回復するために飲む薬や
苦しみや傷みを和らげるために
飲む薬があなたに合っているか、
私が調べてあげましょう」
④ 薬祖神《やくそしん》さまの言葉
「私は薬師瑠璃光如来さまのそばにいる
七仏薬師如来と一緒に世界中を駆け巡り、
あなたに合う薬を探して来ましょう。
薬だけではなくあなたがもっと元気になる
食べ物を世界中を歩いて探し、あなたに届けましょう」
⑤ 大穴牟遅神《おおあなむちのかみ》さまの言葉
「あなたが、自分のために助けてと
言われても助けられないと思います。
しかし、あなたが○○を助けたいから
生きていたいと願うなら
私はあなたを助けます」
⑥ 少名毘古那神《すくなびこなのかみ》さまの言葉
「病は氣から起こります。
病は弱氣から進行します。
病は氣付きです。病は起こることに
身を任せると楽になります」
⑦ 大日如来さまの言葉
「病になったら布団の上で
"大の字"で寝なさい。
病になったら外に出て
"日(太陽)"に当たりなさい。
病になったら神に抱かれるが如く
大安心の心で活きなさい。
病になったら迎えが来る日まで
楽しく生きなさい」
【病を水に流す方法】
1) この型紙の下に同封の和紙を敷いて、鉛筆でキツネ型をなぞります。
2) 鉛筆で書いた線に沿って切り取ります。
3) キツネ型に切った和紙に、自分の名前・自分の病気(ケガ)や病名・身体の痛み・不安、辛いこと、悲しいこと、心の叫びも書きます。
4) 指でキツネ型を作って病気(病原体)に『病気、こん、こん、こん』と言って、"キツネ型の和紙"を軽く3回叩きます。
5) "キツネ型の和紙"で、病気の部分、痛い部分、辛い部分などをさすります。
6) さすり終えたら、息を3回吹きかけて、小さく和紙を折りたたみます。
7) 川に投げ流します。和紙の行方を目で追わないこと。投げて終わりです。
8) 薬師瑠璃光如来(やくしるりこうにょらい)さまが病気を受け取ってくれます。
※具合が悪くて川に持って行けない場合は、紙コップに水を入れ、書いた和紙を紙コップに入れて、和紙が溶けるまで待ってから、排水口に流します。紙コップはゴミに捨てます。
『病と災いを除ける符』
〜災いは水に流す〜
人は幸せに生きられるように願って生まれてきました。
しかし、時として、自分の想像外の災いが起こります。
悩んでも解決しない時、先が見えなくて難しい時は、
シンプルに原点に戻ってみましょう。
① 大山祇神《おおやまずみのかみ》さまの言葉
「家や土地の災いや苦しみがあれば
私に話してください。
必ず良き方向に導いてあげましょう。
家や土地は先祖代々からの
伝承であり、預かりものです。
あなたの苦しみを除き、
より良い方向に
導いてあげましょう」
② 稲田姫《いなだひめ》さまの言葉
「人の妬みや嫉妬は
消えるものではありません。
消しても心に浮かんで
でてきます。
妬みや嫉妬が起きる原因は
「ねたみ心」「羨む心」です。
自分を受け入れて最大限に
自分を愛してください。
自分を愛せられたら
自他共に愛してください」
③倭猛命《やまたたける》さまの言葉
「「争い」「諍い」「喧嘩」
「衝突」「嫌味」など
人間関係から起こる災いを
鎮めるには忍の心が大事です。
心の中にある「とがった心」に
封印をかけてあげましょう」
④ 磐長姫《いわながひめ》さまの言葉
「諸事情で苦しみ、悩み、災いがでたなら
速やかに解決を致しましょう。
心穏やかに、とらわれることもなく
大安心の心根で生きなさい。
不安や恐怖は妄想から起こります。
現実を見て、起こったことから対処をします。
私がそばでお教えしますので
一つずつ解決をしましょう」
⑤ 天手力雄命《あめのたぢからおのみこと》さまの言葉
「突飛なことが起きたら
私がかけ参じます。
私に事細かく話してください。
聴きながら一文字ごとに砂に書き、
固めて石にして
遠くに投げてあげましょう」
⑥ 素戔男尊《すさのおのみこと》さまの言葉
「五種の悪業
(殺生、偸盗、邪淫、妄語、飲酒)
で本人も家族も苦しむなら
私に3度伝えなさい。
私が悪因を阻止します。」
⑦ 弘法大師 空海《こうぼうだいし くうかい》さまの言葉
「苦しいなら私に伝えなさい。
悲しいなら私に伝えなさい。
私はあなたのそばにいます」
【災を除けて、水に流す方法】
1) この型紙の下に同封の和紙を敷いて、鉛筆でキツネ型をなぞります。
2) 鉛筆で書いた線に沿って切り取ります。
3) キツネ型に切った和紙に、自分の名前、相手の名前、起きてきた災い、不安、辛いこと、悲しいことも書きます。
4) 指でキツネ型を作って和紙に『災いこん、こん、こん』と言って"キツネ型の和紙"を軽く3回叩きます。
5) "キツネ型の和紙"を胸の中心に持っていき、時計の反対周回りに3回胸をさすります。
6) さすり終えたら息を3回吹きかけて、小さく和紙を折りたたみます。
7) 川に投げます。和紙の行方を目で追わないこと。投げて終わりです。

『病と災いを除ける符』15,000円（税込）